2極化を生き残る思考法

「変わる」ことを恐れる貧乏人

「変わり続ける」成功者

吉永賢一

SOGO HOREI PUBLISHING CO., LTD

これからの世界は「2極化」がどんどん進行していきます。

本書では、「2極化時代に上に行きたい人はこうやれば行けますよ」という話をします。

はじめに

中流層が消えて2極化の時代がやってくる！

本書で詳しく述べていきますが、これからは「2極化」がどんどん進行していきます。

ひと言でいえば、これまで多数を占めてきた「中流」はいなくなり、「**低収入ハッピー組**」と「**高収入ビジョン組**」に分かれざるを得なくなるのです。

現段階でも、公の統計データのピラミッドグラフなどを見ると、中流層の消失が始まっていることがわかると思います。収入に関して、高収入と低収入に分かれ、中流層は少なくなってきていることが、すでに統計に出ているのです。

もともと日本は中流が多く、以前は「一億総中流」などと言われていました。「みんな同じ」だと思っていた中流、生活にそこそこ満足していた中流層が減ってきているのが「今」です。

「中流」だった人たちがどこに行くかというと、上か下に振り分けられるわけです。

みんなが同じ均質な時代から、差がつく時代になり始めています。今後はさらにこの状況が進んでいくでしょう。

たとえばアメリカでは、CEOと一般社員との給与格差（ペイ・レシオ）の公開が2018年から義務付けられました。それによると、アバクロ（アバクロンビー＆フィッチ）やマクドナルドは、給与格差が3000倍程度あります。

日本でも、今後上場企業の役員報酬の決め方や金額が開示されていく流れですが、会社の役員と平社員の年収には、もちろん格差があります。その格差は、日本はまだわずかなほうで、数十倍程度の差がつく大企業がある程度です。

このように2極化が進んでいるアメリカですが、日本も今後10年で、200倍、300倍くらい、ヘタをすればもっと拡大するのではないかと僕は思っています。それぐらい激しい2極化が起こるでしょう。

この2極化現象のなかで対策をとらない中流層には「下落圧力」がかかるため、ほとんどの人が下のほうに行くことになります。また、あえて「低収入でも満足だ」という生活を自ら選ぶ人もいるでしょう。

「下落圧力」の反対、いわば「上昇気流」に乗って上に行く人ももちろんいます。上か下かは、あなたが選ぶことができるのです。下の「低収入ハッピースタイル」で満足するか、上の「高収入ビジョンスタイル」をめざすかの選択が可能ということです。

店の商品を見れば2極化の進行がわかる

「そんなおおげさな」「簡単に2極に分かれるはずないでしょう」と思われるかもしれませんが、たとえばお店に並んでいる商品を見ればすでに2極化していることがわかります。

食品でも衣類でも、格安商品がたくさん販売されています。100円ショップやドン・キホーテは格安商品であふれ、人気を博しています。

一方で、高級店では、以前は数十万円が実質上の最高価格帯であったブランドでも、数百万円程度の商品ラインナップを増やしています。

2極化すると、物を売る側からすれば、上の人に売る商品と下の人に売る商品を分けて考えるわけです。つまり、低収入の人が増えることで生じるマーケットがある。ですから物だけでなく、格安のサービスも増えていくでしょう。

現代日本の資本主義はよくできていて、収入が落ちても生活はそれほど悲惨になりません。収入が落ちている人たちも、一応、食事ができて衣類も買え、そこそこ快適な環境でみんな仲よくハッピーに暮らせるわけです。

市場では低収入者用の商品の供給も起こるため、**「低収入でもハッピー」というライフスタイルが実現可能**なのです。

世の中には4種類の人間がいる

「2極化」と言ってはいますが、さらにこまかく言えば、今後人は4種類に分かれていきます。

❶望んで高収入になっている人

❷望んでいないけど高収入になっている人

❸望んでいないけど低収入の人

❹望んで低収入になろうとする人

ざっくり、この4パターンです。すでにこうなっていますし、今後さらに明確に分かれていくでしょう。

「今自分はどれだろう」「これから自分はどこに行くのかな」と考えてみてください。あるいは誰かと接するとき、その人がこの4タイプのどれか考えてみる。相手のタイプによって対応を変えたほうがいいからです。

❶の「望んで高収入の人」は、おそらく自分に自信がある人でしょう。狙って高収入を実現しているからです。望んで高収入の人は、当然、お金に対する関心が高いです。

❷の「望んでいないけど高収入の人」は、あまりお金に関心がないかもしれませんが、自分がやっていることに熱意、パッションがあって、一生懸命やっていたら高収入になってしまったような人です。興味があってやってきたことがスキルとして身に

ついているから、高い価値を提供できているというタイプの人。こういう人にはあまりお金の話をしても興味をもたれません。

❸の「望んでいないけど低収入の人」は、残念な気持ちでいるはずです。ですから接するときには、共感・理解する姿勢が特に大事になってきます。

❹の「望んで低収入の人」はほめてあげたらいいでしょう。「狙ってやっていることができているのですから素晴らしい」と、価値観に共感してあげる。お金ではない価値を選んでいるわけですから、その人の価値観に目を向けてあげるのです。

この分化はすでに始まっており、今後おそらく重要になる分類です。血液型の分類よりよっぽど当たると思っています。

日本は低収入ハッピースタイルが流行する

僕は2極化の上（❶と❷）と下（❸と❹）に、それぞれ「高収入ビジコン組」「低収入ハッピー組」という名称をつけています。今後は、「低収入だけどハッピーなスタイル」に移行する人が増え、低収入ハッピー組が多数派になるでしょう。

もちろん、これは日本の話で、世界全体の話ではありません。たとえば、世界の貧困地域では「低収入アンハッピー」の人たちが、多数になります。

全員が中流の収入を維持するのはほぼ不可能という前提のもとで言えば、低収入だけどハッピーという人は、ソフトランディング（軟着陸）には成功したと言えるでしょう。

現実的に中流が無理だとなったとき、低収入ハッピーは1つの落としどころと言えます。ところが、落とし込みに失敗してしまうと、「低収入アンハッピー」な人が大量に増えかねません。

その場合は、おそらく社会不安が増大する流れに入ります。今後の日本のシナリオとしては、これも一応考えておいたほうがいいでしょう。

しかし、日本は「低収入アンハッピー」ではなく、「低収入ハッピー」くらいでうまいことといける、と僕は思っています。

収入が落ちるのを避けるためには適切な努力が必要ですから、低収入になる人が大勢いるとは思います。ただし、ハッピーなライフスタイルは確保できる。収入は少ないけれど、一応ハッピーは追求できて、「幸せです」と言う人たちが多くなるイメージです。心のどこかに寂しさは抱えているものの、「でも幸せです」と言う人です。「低収入ハッピースタイル」の人たちが増えますから、この層の人との付き合い方も重要になります。

自分自身が「低収入ハッピー組」であろうが、「高収入ビジョン組」であろうが、そういう人たちから好感をもたれる、好かれることが大事です。

本書を読んでほしいのは、「何もしないで、時代の下落圧力に流されるのはイヤだ」「なんとかしたいけれど、どうしていいかわからない」という人です。

少し前までは、「個人の嗜好を大切にするために、他人を遮断する」という時代でした。その象徴が「ひきこもり」の増加です。また、「1人にテレビ1台の時代が来た」などということも、以前は話題になったものです。

現代は、個人主義がさらに進展し、「**個人の嗜好をもとにしたコミュニティを形成する**」という時代に入っています。

しかも、単一のコミュニティに、絶対的な帰属心をもって属するのではなく、「そのときの自分の気分」によって、コミュニティを使い分けます。

「コミュニティに属する」というよりは、「**個人がコミュニティをまとう**」のです。

このような時代は、人類初です。人類の夢が、また1つ、技術革新などを背景として、実現してきているわけです。

このような「地殻変動とも言える大きな時代変化」の中で、いったいどのようにして生きていくのか。

あなたがその方針を考える上での、重要なヒントになれたらと思っています。

吉永賢一

目次

第1章

「低収入ハッピー組」と「高収入ビジョン組」の2極化が進む

第2章

2極化によって大きく変わる生活

第3章

2極化によって伸びていく仕事とは

第4章　2極化サバイバルのカギは〝コミュニティ〟

第5章

コミュニティをつくる者が生き残る

第6章 生き残るコミュニティづくりの方法

第7章 5つのマネジメント力で生き延びろ

編集協力　高関進
装丁　二ノ宮匡（nixinc）
本文デザイン　Dogs Inc.
DTP　横内俊彦
校正　池田研一

第 1 章

「低収入ハッピー組」と「高収入ビジョン組」の2極化が進む

低収入ハッピー組の人は〝かまってちゃん〟

「はじめに」で紹介した低収入ハッピー組の人は、かまってもらいたい人でもあります。

今後、収入が低いけれどハッピーになりたいという人が増えると、**なるべくお金をかけずに、人間関係から幸せを供給してもらう人が増える**、と僕は予測しています。

つまり、かまってもらいたい人が増えてくるわけです。

ですから友達づきあいとか、家族とのつながりが密になるでしょう。しかも、お金がかからない、お金をかけない友達や家族とのアクティビティが増えます。

たとえば、公共の場所でビニールシートを敷いて家族でピクニックしたり、テーブルを公園に持っていって、みんなで弁当を食べたりする。インターネットを通じて、お金をかけずにコミュニケーションする。

こうした、お金をかけないで楽しむアクティビティやお金と関わりのない人間関係からハッピーを供給してほしいという人が増える。これが、かまってもらいたい人の増加です。

未来予測である以上、外れるかもしれないわけですが、この流れはもうすでに始まっています。

これまでの、個人が分断されて１人で閉じこもるという流れは、もう反転していきます。昔であれば、個室でテレビを見ていた。ビデオを見ていた。マンガを読んでいた。雑誌を読んでいた。

今は、個室にこもっていても、家族が同じ部屋にいても、ネットでそれぞれ別の人とやりとりしていたりします。

つまり、価値観として、友達や家族を大事にする人が増えるわけですが、以前とは、相手を選ぶ基準が変わってきています。

「人間関係からの安価なハッピー供給」に適した友達や恋人を選ぶようになるのです。

オンラインでも、オフラインでも、人間関係から安価にハッピーを共有してもらおうとする流れは加速し、それに適した「人」を選ぶようになります。

人の価値観を否定してはいけない

あなたが低収入ハッピー組と付き合うときには、**とにかく、相手の価値観を否定したらダメ**です。たとえば「家族で公園にテーブルを持っていったらみんなの迷惑じゃないか」と言ったら嫌われます。「それいいね。楽しそうだね」と言えば好感度アップです。

低収入ハッピー組同士はお互いに低収入ですから、お金がかからなくてもできる友達づきあい、お金をかけなくてもいい家族の楽しみが生活の主になります。もちろん恋人関係もそうです。お金のかからないデートをして楽しむ。それでもハッピーを感じられる人たちが増えていくんです。

ですから、そういう生き方を肯定する付き合い方が大事になります。仮に自分がお金を持っていても、自分のライフスタイルを自慢せず、相手のライフスタイルを否定せず、一緒に付き合うほうがいいでしょう。

お金を持っていたとしても、低収入の人の価値観を理解して付き合えば、好感度がアップします。高収入のライフスタイルを見せつけるのは流行りませんし、そこに人々が憧れる時代はもう過ぎました。

まだ低収入ハッピースタイルがあまり進行していないので、僕もアルマーニを着て出かけたりしますが、先述の話が進行したらアルマーニはよくありません。むしろ安めのTシャツを着て一緒に無料の飲み会などに行くでしょう。

「無料の？」と思うかもしれませんが、たとえば、河原に皆でお酒を持ち寄って飲み合えば、会場費は「タダ」ですよね。

高収入ビジョン組の人は〝ナンバー1〟狙い

一方、高収入ビジョン組がやっていることは、ハッピーの追求ではありません。ハッピー以上に、**ビジョンの実現を追及**します。

だからその過程ではそんなにハッピーじゃなくても頑張るわけです。努力したらつらいかもしれないけれど、ビジョンが実現するほうがいいからです。

ここが上と下の分かれ目です。

「ハッピーのほうがいい」と言う人が、狙って低収入側に行くわけです。これから本書で詳しくお伝えしますが、高収入ビジョン組の人はナンバー1を確立してビジョンを提示し、コミュニティを構築して運営し、ファンのことをよく知って個別に対応して進化させています。

もちろん、この背後には、低収入ハッピー組の増加があります。それに対応したサービスの需要が高まるのです。

これを「面倒くさいよ」と言う人や、「それをやったら上に行けるのかもしれないけど、そこまでやりたくない」と言う人は狙って下に行く。それはその人自身の選択です。

本書では、「2極化時代に上に行きたい人はこうやれば行けますよ」という方法を説明しますが、みんながそうするほうがいいとはもちろん思っていません。

それこそ個性を発揮して、低収入ハッピースタイルを「計画的に」狙う人は、下落圧力に押されて「否応なしに」低収入になる人より、当然ハッピーになりやすいです。

支出を削るなどの対策を一般の人よりも早く始められますし、収入が落ちきる前に貯金しておくほうが有利です。「お金を使わない楽しみ」を狙った対策ができるわけです。

低収入ハッピー組が増えれば、無料の領域にいろいろな人が入ってきて混んできます。本書を執筆している２０１８年12月現在はまだスタート段階なので、安く楽しめるところがけっこう空いています。早めに「低収入ハッピー体験」をしておけばノウハウが早くたまります。収入が落ちるより先に支出を落とせますし、あとから来る人よりもいろいろと得をするでしょう。自分は高収入ビジョン組だという人でも、低収入ハッピー組のやり方を今から取材しておく、リサーチしておくのもいいと思います。

それぞれがめざすライフスタイルを実現する

いずれにせよ2極化の時代には、**「環境を変える」ことが大事**です。放っておいて、今の環境の中にただいるだけだと、下落圧力にやられます。

具体的には、環境にはたらきかけて「変える」か、環境を移動する。

高収入ビジョン組、低収入ハッピー組、どちらに行くかを決めて、それに適した環境をまとう。

「環境」とは、今いるところの周辺、自分が行くところすべての場所です。私たちは生活の中で日常的に、環境の中を移動します。

たとえば、住んでいる家から会社に移動したら、途中の道も含め、そのすべてがあなたの環境です。あなたの部屋の中も、あなたの環境。通学路や通勤路も、あなたの環境。お店など他人と会いに行く場所、そこもあなたの環境。あなたが見ているサイトも、あなたの環境です。今あなたが読んでいるこの本も、あなたの環境です。

あなたが触れ合うもの・ことすべてを、ここでは、**あなたの環境**と呼んでいます。

その環境を、自分のめざすほうに変えるのです。**環境に個人が規定されるような時代は古くなり、自らのライフスタイルに合わせた環境を、それぞれが構築する時代**になります。このような時代の進化が２極化の背景にはあるのです。

下落圧力と上昇気流とは？

——上昇気流がある場所を見抜く

2極化が始まると中流層には下落圧力がかかり、ほとんどの人が下に落とされていくと冒頭で書きました。一方で、上昇気流が発生している場所もあります。

このまま何もしないでいると下落圧力がかかりますが、**上昇気流に乗って、上に行くこともできる**のです。

2極化のような変化が起こるということは、変化に対応する人は、それをアドバンテージに使える、メリットとして使えるということでもあります。どんな変化が起こるのかわかる人には、上昇気流が発生している場所がわかる。そこにいけば、収入も伸びるわけです。

「そんなのどうせ口だけだろう。吉永は実際どうなんだ」という疑り深い人のために、ちょっと報告すると、たとえば２０１４年に設立した僕の法人のネット上の売り上げは、１年後には入金ベースで１億円を超えました。

僕は自分の収入の話はしないようにしていますが、以前、「１億超えたら報告します」とメルマガの読者さんに宣言していたので、一応、ここでも報告してみました。

詳しい話はしませんが、労働時間からすればかなり効率がいいと言えます。なぜそうなったかといえば、上昇気流のある場所を見ているからです。

いわゆる自分の努力だけでは、今後ますます空回りするようになるでしょう。時代の変化が加速している以上、それに対応していない努力は成果を生みません。

あくまでも、上昇気流に乗ることが大切です。下落圧力がかかっている場所にいたままで上へ昇るのは、かなりしんどいからです。川の流れに逆らって泳ぐようなもので、すごく一生懸命やれば少しは進めますが、力を抜いたら、すぐに下に落ちます。

一方、**上昇気流に乗れば、力を抜いても上に行くことができる**のです。

その流れがいったいどこにあるのか。そこを見抜く力が、今後ますます大事になっていきます。いくら努力をしても、見抜けないと結果は出ません。頑張ってもダメなんです。見抜いて、「適切な努力」をすることが重要です。

この2極化は本当にサバイバルになります。ぜひ、本書を読んで上昇気流のある場所を感じ取ってください。「今やっている努力の方向はちょっと違っていたな」と気づく人も、きっといるはずです。

ですから本書では、僕がとらえている上昇気流のある場所を共有できるように話していきます。

2極化の原因①グローバリゼーション

ここまで2極化が進む前提で説明していますが、ではなぜ2極化するのでしょうか。その原因は大きく2つあると考えています。

1つは**グローバリゼーション**。地球の一体化、国境消失などと言われているものです。ＴｉＳＡ（新サービス貿易協定）などが象徴的です。技術革新や経済圏の自由化などにより、いろいろなものが国境を越えて移動しやすくなりつつあります。

インターネットが一番わかりやすい例でしょう。インターネットが通じている国同士であれば、検閲なしにほぼ瞬間的に情報が届きます。スカイプなどを使えば、国境を越えて簡単に通話できます。昔は高い料金を払って国際電話をかけていました。今では国を超えてもしゃべり放題です。

グローバリゼーションでは、国境という大きな障壁がなくなっていきます。だからこそ、一部では規制が生じ、反動的な流れも生まれますが、全体としては、さまざまな障壁が消失していきます。

消費者からすればさまざまな比較をしていいものを選べますから、中間のものはいらないわけです。いいものだけが選ばれ、一極集中されます。

グローバリゼーションで、商品も労働力も世界各地に広がるでしょう。グローバリゼーションの影響で移民などを受け入れれば、たとえば日本国内のタクシーの運転手も外国人になるでしょう。

また、世代間格差もどんどん消失していきます。以前は、敬語や礼儀のシステムもあり、世代ごとに分かれていましたが、それも消失していきます。年齢が上がるだけで昇給するシステムもなくなっていきます。

年上部下、年下上司などは当たり前になってきました。この動きはどんどん広がり、さまざまなものがフラットになります。

つまり、**「低所得の人が増える」**→**「全体がフラットになる」**→**「みんなが低所得になる」**ということです。この流れのなかで上に行く人がいますから、2極化になるわけです。

2極化の原因②メカニゼーション

2極化の原因のもう1つは**メカニゼーション**、機械化です。機械化の流れによっても、中流層がいらなくなってきます。

機械化が起こると、中流層の人たちがやっている労働はほとんど機械に置き換えられます。また、商品の多くが電子化されます。

グローバリゼーションがまだあまり進んでいない現段階では、まだ「日本プレミアム」が残っています。日本国内にいる日本人は、一般的な海外の人が日本に来た場合と比べて有利だということです。

まず「日本語」という障壁が築かれています。僕などは「言語による障壁を築くために、英語教育をわざときちんとやっていないんだろう」と踏んでいるくらいです。

しかし時代の流れには逆らえません。僕は、バイリンガル英語講師の山田暢彦《のぶひこ》さんと『Super Fast English!』などの教材を通し、「使える英語」の教育に力を入れていますが、それは**今後の日本社会で上に行くには英語を習得することが避けられない**と思っているからです。

なぜなら、グローバリゼーションの流れに乗り、それを自分に有利に使おうとすれば、海外の人とのやりとりが発生します。そしてその主要な言語は英語です。

たしかに、これまでのところ、全体としては、日本は言葉の壁を構築したり、移民をあまり入れないようにして、防波堤をつくっています。「日本人を守ろう」としてきたわけですが、もう今までのようには守りきれないでしょう。今後はそうした「日本プレミアム」もじわじわ消えていきます。

日本人は「お金に困っている」といっても、こだわらなければ職だって、収入だって今のところはそこそこあります。しかしゆくゆくはそれもなくなっていきます。難民の受け入れに積極的な国を見ればわかりますが、同じことをもっと安い賃金でやる人が大量に入ってきたら職はなくなります。それとあいまって、機械化もされていくわけです。

日本は海に囲まれている上に言語の障壁がありますから、なかなかそうなりませんでしたが、もはや変化は時間の問題なのです。

これから、グローバル化や機械化によって、商品や労働力は安くなります。安いものに置き換えられてしまう場所には、下落圧力が発生します。

それを避けるには、

❶置き換えられないことをやる
❷置き換えるものを提供する

のどちらかが有効でしょう。そして、上昇気流があるのは、後者の場所です。その代表的なものが「安いもの」です。

もちろん、安いものを提供するのは、かなり力がないと難しいです。Ｇｏｏｇｌｅのように世界一になるようなイメージです。規模の経済性を活用するからこそ、安く提供しても利益を生めるからです。そこに挑戦するのはかなりハードルが高い。

ですから僕は、「上をめざす」人に対して、まずは「上昇気流に乗る」以上に、「**下落圧力がかかりにくい領域に入る**」ことをおすすめしています。つまり、「**置き換えられにくいことをやる**」**ことを主眼としながら、上昇気流に「少し」乗る**。それくらいが、上をめざす多くの人にとっては現実的だと考えています。

コンビニ菓子でわかる2極化の訪れ

グローバリゼーションもメカニゼーションも聞いたことがある人が多いでしょうが、対応している人は少ないと思います。

たとえば「インターネット」という単語は、はるか以前から世間では知られていました。でも、「インターネット時代が来る」と言われているあいだにアドバンテージに使った人はけっこう少ない。「そうなるのはわかっていたよ」と言っているものの、インターネット時代の初期に、置き換えがかなり進行しても、何もやらなかった人が大多数です。

僕は、みなさんに今回もそうならないようにしてほしいわけです。しかも今回の置き換えが起こったあとは、所得がみんな下がります。

中流層消失が起こったあとは、新しい中流層が生まれるでしょう。これまでの中流層より低い所得層が中流層になるわけですから、呼び替えられる可能性があります。

というのは、為政者は「大衆はどうせ中身のことはわからない。だから、名前を変えてしまえば気づかないだろう」と思っているからです。賃金にも名目賃金と実質賃金があるように、です。

名目賃金で「給料は何円です」といっても、円の購買力が下がっていれば、同じ額をもらっていても買えるものは少なくなります。そのときの実質賃金は低いわけです。

しかし大衆は、実質賃金は下がっても、名目賃金が上がっていれば、「なんか前より生活きついなぁ」くらいにしか思いません。

しかも同時に、商品やサービスを提供する側が品質を下げてもっと安い商品を手に入れられるようにすれば、生活に不自由はなく、あまり気づかないわけです。

たとえば、コンビニなどに並んでいるお菓子も、価格は変わらないものの、内容量はどんどん減っています。窒素を詰めて袋を大きく膨らませたり、わからない程度に原材料の質を落として原価を前より下げるなどしていますが、買うほうはあまり気づきません。

政府はインフレを進行させたいわけですが、賃金が減ると「給料が減った」と誰でもすぐわかります。ですから、実質的な購買力を減らしながら、なるべく気づかれないよう操作することを、政策としてやっているわけです。

みなさんにはそういうことにだまされない、「見抜く目」を養ってほしいのです。

2極化の本質は「自由の拡大」

2極化の大きな原因を2つ述べましたが、両者の本質的な要因は1つです。それは、自由。**自由が拡大する**ことです。

自由は差を生みます。たとえば、食べ放題のビュッフェなどで「好きなものを取ってください」と言えば、一人ひとり、違うものを食べるでしょう。一方で、全員に同じ定食を出せば、残す人はいるかもしれませんが、食べ物に差はありません。

みんなが同じようなやり方をしていれば、自由はないかもしれないけれど差は減るのです。

「同じ」というのは学校教育を考えればわかりますが、不自由です。

「同じ時間に来てください。同じ授業を受けてください。同じ小テストを受けてください。同じテキストを使ってください。同じ問題集を使ってください。同じ解法でやってください」――自由はほぼありません。

僕は学校教育が大嫌いだったので、勝手に自分のテキストを使い、自分の時間割をつくって勉強していましたが、そういう人は少ないでしょう。

自由は差が生まれる。一方、不自由は窮屈かもしれないけれど平等ではある。どちらをとるか、です。自由に価値を感じている人は多いですし、平等に価値を感じている人も多い。しかし不平等だと、人は憤ります。

つまり、「**2極化時代＝自由拡大期**」なのです。

歴史的に見ても、自由が拡大する時期と、不自由になって平等が拡大する時期があります。

今の世界は平等が進展する時代ではなく、自由が進展する時代に入っているのです。

おそらく、自由の拡大はグローバリゼーションが地球全体に広がるぐらいまでは続くと僕は思っています。

あなたも、「自由が拡大する時代に入っている」と感じませんか？　学校の科目選択も前より自由ですし、働く時間も以前より自由になっています。いろいろなところで自由が進展するのは、時代の潮流です。

「自由が拡大する時代」＝「各自の裁量に応じて何十倍も何百倍も差が出てくる時代」とイメージしてください。

自由が拡大するフィールドのなかで自分はどう勝負するのか、を考えてください。

勝負の仕方はいろいろあります。

上を狙うこともできるし、あえて下を狙って幸せに生きる、という道を選択することも当然できます。

自由が生まれると平準化と差の拡大が起こる

自由が進展することでなんでもかんでも差が開くわけではありません。平等が進展するものもあります。賃金がそうです。

今は日本プレミアムで、日本人は高い賃金をもらっています。たとえば、製造業賃金でタイや中国の約４～10倍もらえています。

しかしこれが自由になって、１倍に向かっていくのが「平準化」です。自由になることで、平等になる流れもあるということです。

しかし、より重要なのは、差が拡大する流れです。この拡大する領域を見ることで、上昇気流の場所がわかってくるからです。

たとえば僕は、このセミナー（本書のもととなった『２極化サバイバル』セミナー）で直接収益を出そうと思っていませんから、価格を安く設定しています。社会貢献の意味と、僕も気分がいいという僕自身のケアの意味もあるからです。ですから、僕より高い価格帯でセミナーをやっている人は僕に勝ちようがない。

僕にはほかの収益源があるので、このセミナーが赤字でも全体のビジネスは回ります。いくつかのセミナーが赤字になっても、全体の経営にはまったく困りません。

一方、セミナーだけで食べている人は、稼がなければいけないわけですからセミナーが赤字では困るわけです。そうすると、同じ内容なら、より低価格でセミナーをしている僕には勝てません（同じどころか僕のセミナーのほうが高いレベルだと自負していますが）。みなさんも、そういうところに入ってはダメなんです。

たとえば、非現実的ではありますが、「すべてのセミナーは、売り上げの○％以上の利益が出るように計画されなければいけない」といったような規制（＝不自由）が行われたら、このようなことはできなくなりますよね。

パチンコ屋もそうです。ある地域に新規出店があると、前からある大きなチェーン店は、敵のいる地域の周囲だけ玉がよく出るようにコントロールしてお客を呼び込みます。その地域が赤字になっても、ほかで黒字を出せばいいわけです。この手法は、昔の競争戦略の基本で、古いやり方です。

みなさんには、その古いやり方に負けないようになってほしいのです。昔からある古い競争戦略に負けるようでは、これからの将来が心もとありません。すでにお金をもっているところと戦って負けるような場所には行かないことです。

大きいところとぶつかるのは、非常に不利な戦いです。基本的に、戦いは有利なフィールドでなければしてはいけません。

差が拡大するけれども、弱めに上昇しているところを探す。強く上昇するところには大手が入ってくるからです。**小さく始めて大きくなれる道もまだある**んです。そこをめざしましょう（その道については、これから詳しくお伝えしていきます）。

2 極化時代に新しく求められる仕事を探す

旧来型、つまり従来のままだとグローバリゼーション、メカニゼーションによる置き換えの下落圧力にさらされるため、基本的に昔からあるやり方のほとんどがダメになっていきます。革命的な変化が、今、進行中なんです。

何もせずにこのままだと、普通に下落圧力にさらされてしまう。新しいものに対応できるように自分を変えないといけません。

グローバリゼーションが進むと、自分が提供しているサービスで世界と戦うことになります。そこでの競争で負けたら、自分のところに仕事はきません。

メカニゼーションが進むと、機械より高い賃金では仕事がきません。機械化はものすごい勢いで進んでいます。

自由が拡大して差が開きやすくなる時代に、新しく生まれる仕事もあります。変化が起こると、その**変化によって新たに必要となる仕事が生まれる**からです。当然そこには上昇気流が発生しています。新しい領域には需要が拡大します。

たとえば、インターネットによって店舗がホームページ上の販売に置き換えられていったように、「置き換え」が起こるわけです。

グローバリゼーションが進展することで、世界にもっと安いものや便利なものがあれば置き換えられる。メカニゼーションが進展することで、人力が機械に置き換えられる。グローバリゼーションとメカニゼーションによる置き換えが、いたるところで起こるわけです。この、置き換えの流れで新たにニーズ、ウォンツも生じ、そこには上昇気流が発生します。

この置き換えは、単一業種ではなく、さまざまな業種で横断的に進行するわけです。つまり「置き換え」は、いろいろな業種で使えるフレームワークなのです。

上昇気流の本質は「複利効果」

――複利効果を味方にすれば決定的な差がつけられる

経済的な上昇気流の本質とは「**複利効果**」です。

本書でいう「複利効果」とは、「再帰的に投資が起こり、拡大する」ことを指しています。わかりやすく言えば、儲けが出ることそのものが、より多くの儲けを生む、ということです。この「複利効果」の生じている場所が、以前とは変わってきているわけです。

複利効果はよく、「皮算用」と呼ばれることがあります。たとえば、10万円を3パーセントの複利で増やしていく。これを300回やると、単純計算で7億円弱になります。でも、そんなことは現実には起こらないように思える。だから「皮算用」と言われるわけです。

一方、複利効果を活用できる人は、これに似たことを「現実に」達成します。

だからこそ、複利効果を自分のアドバンテージとして使える人と、そうでない人との差がどんどん開きます。**上に行きたい人は複利効果を使い、複利効果を使わない人が下がる**ということです。

複利効果を自分の味方につけるかどうかで、決定的な差、何百倍もの差がつくことになります。上に昇っている人は、ほぼ全員が複利効果を使っているはずです。

上昇気流が発生していないところでぴょんぴょんジャンプしても、流れていないのですから乗りようがありません。また、流れている場所に行っても乗らなかったら昇れません。**上昇気流が発生している場所を見つけて、そこでジャンプ**しましょう。

どこに発生しているかは、グローバリゼーション、メカニゼーションを主な視点とし、さらに本質的には「自由の拡大」という視点で「置き換え」を探せば見つかります。いろいろ置き換えが起こっている場所を見抜くんです。

特に今いる業界や、その周辺で勝負する人は、自分の業界とその周辺で、置き換えの動きをよく観察してください。

「置き換えが起きている場所」というフレームワークをもって見ると、気づきやすくなるんです。ただなんとなく変化を見ているのではなく、「置き換えがないか」という視点で見てみましょう。

自分の業界やその周辺業界に関しては、あなたにも知見があるはずで、想像でものを言っているのとは違うわけです。どこにグローバリゼーション、メカニゼーションにおける置き換えが進行しているか、具体事例を考えてください。

自由の拡大による変化がどこに、どのように生じているか、具体的に考えてほしいのです。

物質を売っているだけでは時代に対応できなくなる

また、2極化の時代は、抽象的なことを考えなければいけない時代でもあります。

物質的な話だけでは、時代に対応できないからです。一見、物質的なサービスを売っているようでも、実は非物質的なものを売っているケースは、最近すごく多いです。

僕はiPhoneやMacBookを使っています。アップルストアなどでiPhoneを買うことは、一見、物質のやりとりです。でも本当に、物体を買っているのでしょうか。ほかのスマートフォン、ノートパソコンではなく、なぜiPhoneやMacBookなのか。ほとんどの人は、物体だけの理由で買っていないはずです。よく考えてみてください。何か非物質的な価値を感じて購入しているはずです。

この「何か感じている」というところまでは、ほとんどの人がわかります。でも、その「何か」が何なのかまではみんな分析しません。

消費者として何か非物質的なものを感じて買っている。でも、「何か」で観察と分析が止まっているため、自分の仕事に応用できません。ですから、自分自身の購買決定行動をよく分析してほしいんです。

物質的なものだけではない価値を感じて買っているはずだけど、それが何なのか考えることは、すごく大事です。なぜならこれも、実は置き換えが起こっている場所だからです。「物質的な価値」が「非物質的な価値」に置き換えられているわけです。

「モノが売れない時代」と言われて久しいですが、「それなら、モノじゃないものは売れているのか?」と考えると、現に売れています。

たとえば僕のセミナーは、机やスクリーンがある会場に、人間(僕)という物体がいるわけですが、非物質的な価値を感じるからみなさん来るわけです。やはりメインの価値は、モノではありません。

先に述べた「人間関係からのハッピー供給」も、「非物質的な価値」ですよね。河原での飲み会の例などを思い浮かべてください。安い服を着て、無料の会場に、安い酒を持って集まって楽しむ。ここで味わっているのは、主に、非物質的な価値です。

建造物でもパソコンといった物質でも、デザインや機能などを含めて差が出ます。同じようなものをつくっても差が出るわけです。

非物質的な価値も同じです。セミナーでも、セミナーならなんでもいいかというとそうではありません。どこに価値があるかがわからないと、価値ある商品の設計もできないわけです。

ただ商品をつくるだけでは、これからは売れません。非物質的な価値を見抜いてください。価値の置き換えの流れを見てください。インターネットの発達などの電子化による自由の拡大（メカニゼーションの一種）は、人々の価値観をも大幅に変えつつあります。

２極化サバイバルでは、非物質的な価値を見抜く力も必要になるのです。

第 2 章

2極化によって大きく変わる生活

自由の拡大によって自分の価値観に忠実に生きやすくなった

前章では抽象的な表現ではありますが、1つのサバイバル方法、上に行きたい人は何に目を向ければいいかについてお伝えしました。

本章では別の観点から、さらに理解を深めてアイデアを出しやすいように説明していきます。

自由が拡大する時代では、人々はより自分の好みに忠実になっていき、多様化が生じます。非常に典型的な例が性的な解放です。異性愛における肉体関係のハードルが大きく下がっただけでなく、昔よりも同性愛などに対してオープンになってきています。さまざまな性癖への理解も進み、前よりかなり自由になりました。

今でも偏見は残っていますが、自由はさらに進行中で、おそらくさまざまなことがそのうち珍しいと思われなくなるでしょう。

これも価値観の変化であり、「希」（＝少数）であったとしても、「珍しい」というよりは、「そういう人もいるよね（知ってるよ）」という感じになっていきます。

こうして、自由が進展することで、与えられた価値観ではなく、内部から出てくる自分の価値観に忠実に生きやすくなります。これもまた、時代の進化です。

昔であれば「おまえの好き嫌いは邪道だ」と批判されたようなことが、「ふーん」ですむようになっています。とにかく情報過多で、みんなたいていの刺激には無反応なのです。たとえば芸能人が同性愛をカミングアウトしても、「そりゃ、そういうこともあるよね」という程度で、人々から反応を取れなくなりつつあります。

ですから、「反応を取る」ことを考えるなら、反応があるあいだに動いたほうがいいです。慣れてくると反応が取れなくなりますから、時代の流れとしては、**珍しいうちに目立つ・動く**ことが大事です。

タブー性がある領域は反応を生みやすいため、マスコミも取り上げやすいです。人間はタブーや不幸に反応しますから、ニュースではタブーに触れる事件のほうが大きく取り上げられます。理由は、人間が反応するからです。

ニュースで、「○○さんの家庭では今日も幸せな晩ごはんです」という中継はしません。ほとんどの人は関心がないからです。タブー性に触れるような悲惨な事件を、みんな見たいんです。

それは大衆の反応を得るやり方の1つですから、映画でもゲームでも、ドンパチして人が死んだり猟奇的なストーリーが多いわけです。


自由になることで多様化が生じる。これは逆の見方をすれば、不自由であれば、人は与えられた価値観に沿って生きていくということです。

たとえば昔は、何歳になってお見合いをして結婚し、子供を何人か産んで——というのが一般的な女性のコースだと言われていました。コースが決まっていますから、不自由です。自分の好みではなく、価値観が定められていた。それに沿わない人は常識やルールからの逸脱者として村八分みたいにされるか、迫害されていました。

ところが今は、昔は「おかしい」と言われたことが当たり前に起こる時代が来ています。

子供を何人か産んで、という例であれば、今は中学生で妊娠する子もいれば、逆に40代で産む人もいるわけです。子供がいない人は代理出産や養子縁組をするなど、選択肢が増えています。シングルマザーも増えていますし、昔だったら後ろ指を指されたり白い目で見られて批判されたりしていたことが、今はそうではありません。自由になることで多様化したからです。

好みが多様化したことにより何が起こっているのか？

多様化が生じていろいろな好みが認められると、何を売ればいいかわかりづらくなります。つまり、マスにヒットするもの、みんながみんな欲しがるものは減っています。

ただし一部、みんなが共通して使うものはあります。携帯電話やインターネットなどのインフラです。みんなの共通インフラ的でないものは好みが反映されるため、マスに向けて売るのは大変困難です。

ただしこれは、売りにくいけどチャンスの拡大でもあります。

つまり、価値が均質化していた時代には、その価値観から外れているものや人は市場の価値が低かった。均質化した価値観の時代では、みんなにフィットしていることはいいけれど、外れていることは見向きもされません。

多様化が進むと、全体にウケるのが難しい代わりに、小さくウケるものが大量に出てきます。小さくウケるものが大量にあるのなら、そこにチャンスがあります。

大企業がリストラをするのは、図体が大きいと戦いにくいからです。これからの多様化の時代には、逆に**個人や小規模が有利**です。小さい規模だからこそできることが増えてきたのです。

多様化への対応は、資本が大きい普通の組織形態ではむしろやりにくい。Ｇｏｏｇｌｅがうまくやれているのは、多様化部分が物質の製品ラインではないからです。

検索ボックスにどんなキーワードを入れるかは人によって全然違います。求める検索結果には多様性があるわけです。たとえばキーワードごとに工場のラインを動かして検索結果をつくって紙に印刷する、なんてことをしたら、事業は回りません。電子的に低いコストでできる多様化領域だから、大企業のＧｏｏｇｌｅでもできるんです。

一方、物質が絡むところ、物質や体が介在するサービス部分には個人が入れます。そこには、小さな上昇気流が発生しています。

今はむしろ、これまでの価値観から外れている人にチャンスが来ています。ただしあくまで、「今は」です。多様化が生じても、多様化のニッチ領域ごとにマーケットを狙う人がすぐ出てくるからです。そのマーケット配分が終わってしまうと、また入りにくくなりますが、今は変化期ですから、新しい領域はまだあります。

既存の価値から外れているニッチな趣味。昔だったら小人気も取れなかったところが、新しい領域となるわけです。

たとえば書道もそうです。昔は画一的でしたが、今はいろいろな書体があります。「うまい書」が決まっていて、それを書ける人の書がうまいというだけではなく、明らかに下手くそな書が絵葉書になって売れています。好みが多様化しているからです。昔は「あんなのは書じゃない！」と軽蔑されたり無視されたりしていた書を、「味がある」と言って買う人がいるわけです。

イラストやキャラクターでも、昔だったら「かわいい」とは到底言えなかったであろう変なキャラクターが売れたりします。あれも好みが多様化してきていて、しかも、小さい規模でも流通可能になっているからです。

小さいチャンスが山のようにありますから、誰かがそれを取るはずです。**今はまだ先行者利益が取れる段階**です。今新しくても、時代が進んだら当然古くなりますし、なくなるものだってあるでしょう。

新しさと多様化の面白いところは、自分自身に価値を見出してくれるところや、見出してくれる人がいるという点です。ですから、価値観のマッチングが重要になってきます。そういう場所や人をどうやって探し、出会うか。そのキーワードが「コミュニティ」です。

コミュニティの再編はとてつもなく重要な時代の変化なので、そろそろあちこちで「コミュニティ」というキーワードを耳にするはずです。

コミュニティの再編を活かして生き残る

多様化によって、「**コミュニティの再編**」が起こっています。

コミュニティの再編はかなり大きな変化なので、落ち着くまでしばらく時間がかかります。これも広い意味でのグローバリゼーションと言えるでしょう。

昔は「コミュニティ」と言えば、同じ会社、同じ学校、同じクラブに入っているというようなものでした。あるいは家族、親せきなどの血縁、場所や地域といった地縁でコミュニティが形成されていました。

今は特にネット上のつながりによって、小さいコミュニティが生まれ、むしろ血縁や地縁が弱くなってきています。地域の集まりではなく、名前もわからない、匿名のつながりであるコミュニティが出現しています。ネット上のこの動きはしばらく続くと思います。

それは人々が自分の好みに忠実であるために、自由を楽しんでいるからです。好みが合う人たちとつながろうとしていて、それによってコミュニティの再編が起きているわけです。

これは非常に大きな流れなので、僕は2極化サバイバルのためにも、**コミュニティの再編の流れを活用することを強くおすすめ**します。コミュニティの再編を自分に有利に活かすのです。

有利に活かすとは、「複利効果を使う」ということです。このコミュニティの再編の流れを使って、複利効果を自分に引き起こすにはどうすればいいかを考えましょう。

そもそも、コミュニティには、「メンバーが定着する」「メンバーがメンバーを連れてくる」「メンバーがコミュニティの魅力を増す」という性質がありますので、**複利効果を起こしやすい**点にも注目です。

コミュニティの再編の中では、年齢や性別など、昔のセグメントの切り方でマーケティングしても意味がありません。それよりも、好みや思想系統に目を向けてください。これも、**「無形の価値」の重要性が高まっている**ことが背景にあります。

従来のアンケートなどではお金をかけて、「何歳ですか」「職業はなんですか」など統計分析していますが、あまり効果はなくなります。

このように旧来型のセグメント分けのアンケートをとって分析し、その種のビッグデータにお金をかけているような企業は、それを元に経営計画をつくっていますから時代に合わず、業績が落ちていくはずです。


コミュニティの再編はさまざまな業界に横断的に起きているため、多くの人が自分事として取り組めるでしょう。

一昔前なら、特定のレストランに来ている人は、身なりも年齢層も似ていました。収入が近いからです。性別や年齢、職業などが見かけにあらわれますが、それは外見的なもの、物質的なもので、そこでセグメントを切るのが古いんです。今、そしてこれからの時代は同じ場所に集まっている人は昔とは違い、考え方や嗜好など無形の部分が似てきます。

考え方や好き嫌いが似ていることで集まるコミュニティ再編が、これからはもっと増えていきます。

セグメントの変動は、まさに地殻変動と言えるほど大規模なもので、現在進行形で起こっています。ですから、ここに対応できるかどうかが上昇気流に乗れるポイントでもあります。

これは大企業だけの問題ではなく、個人でもこの流れを有利に使うことができます。

どこからでも入手できる時代には「戦わない」戦略を選ぶ

グローバリゼーションとメカニゼーションの拡大により、どこからでも好きなものが入手できるようになると、需要は「最も安く、最も品質の良いもの」に集中します。

たとえばアマゾンに出店しているショップの商品で品質が同じものがあれば、みんな一番安い店から買うわけです。競争が激化していて、かなり広い範囲でナンバー1

にならないと勝てません。

ですから、僕のおすすめは、**競争戦略をとらない**ことです。競争が激化していますから、競争の世界に入らないほうがラクです。**戦略として「競争しない、戦わない」ことをすすめます**。

競争のあるところで一人勝ちすればリターンはかなり大きいですから、トライしたい人はやってもいいいですが、それは万人に使える戦略ではありません。ごく少数の、ものすごく力がある企業や人は狙えばいいかもしれませんが、ほとんどの人はその戦略でいくと失敗します。

そのため、競争に乗らないよう、頭を使うわけです。

需要が集中するところでは、一人勝ちという現象が起こります。つまり、多くの業界で、一人勝ちとそれ以外の負け組、という構造が生じやすくなります。

だから多くのコンサルタントは、「ナンバー1戦略」をすすめているんです。「一人勝ちになるのなら、ナンバー1になればいいじゃないか」というわけです。

僕も「ナンバー1」と話しますが、僕が言っているナンバー1戦略は少し内容が違います。「ナンバー1」の概念を刷新する必要があるのです。

オンリー1ではなくナンバー1にならなければいけない理由

「一人勝ちの時代だからナンバー1になることが必要」ということは、今の時代においては論理的に必然な流れです。しかし「ナンバー1になる」のナンバー1の意味や概念次第で、話は変わってきます。

僕の考えるナンバー1とは、多様化が進んでいるわけですから、「**小さなナンバー1」でいい**。全世界をマーケットとするような巨人のナンバー1をめざしてはいけません。年商数兆円規模が実際にできそうになってきたらやってもいいですが、年商数百万円、数千万円規模の人がそんなナンバー1をめざしても負けます。

ですから、誰もが認めるナンバー1になる必要はありません。小さなナンバー1でいい。

たとえば「地域ナンバー1」を考えてみます。この場合「地域」という制限要因によるナンバー1なので、今後は、業種によっては弱い。インターネットやIoT、自動運転などの発達により、地理的障壁が取り除かれたらナンバー1から脱落するからです。地域という障壁、商圏の制限という不自由によって守られている小さなナンバー1は、昔の地域ナンバー1戦略です。

昔ははるか遠方からお客は来なかったし、客も遠くまで買い物に行かなかったから、「地域ナンバー1」がキープできた。自由が拡大し、たとえば、インターネット通販でも可能になったりしたら、不自由に守られた地域ナンバー1は下落圧力がかかるため、今後その利権が剥奪されていくわけです。

セグメンテーションの切り方自体に変化が生じているため、そもそも「地域」という概念自体を刷新しないといけません。

障壁がどんどん減り、人々の好みも移動も自由になったあとの自由な世界における小さなナンバー1を取りましょう。

それには、旧来型の「地域ナンバー1」ではなく、**「価値観の領域」というバーチ**

ヤルな「地域ナンバー1」を取ることです。その趣味、その好みの人にとっての世界ナンバー1を取るのです。

自由はますます拡大していきますから、このような意味での「地域ナンバー1」を取れば、上昇気流に乗れます。

「負けない場所」をつくる

自由が進展して一番にしか人が集まらなくなるのですから、大きなマーケットでナンバー2になるよりも、小さなマーケットでナンバー1になるほうがいいのです。ニーズも好みも多様化しています。そのため、万人が認める一番になる必要はないから、みんなが一番を狙えます。自分自身の特質を知り、時代に合ったナンバー1を意図的に構築しなければいけません。

競争の中に身をさらして、結果的に勝ち抜いて一番になろうというのは古い競争戦略です。そうではなく、はじめから一番をデザインする。はじめから一番が取れそうなところに入りましょう。ライバルがいるところは避け、二番手以降と差があるところを狙う。そうしないと競争努力が無駄になります。

唯一性のあるナンバー1をつくることは、みんなにチャンスがあります。

人々の好みが多様化し、コミュニティ再編が起きているなかで、「自分の好みに忠実に生きたいけれど、商品がない、サービスがない、コミュニティがない」というところに入ればいいわけです。「ここだったら絶対負けない」というものをつくりましょう。

「置き換えられない場所」に移動する

努力はたしかに尊いかもしれませんが、みなさんには下落圧力があるところで努力してほしくないんです。つまり、尊い努力を無駄にしてほしくない。

そのためには、はじめから下落圧力がないところに移動する必要があります。

まずは①**下落圧力の風が吹かない場所に移動し、**②**それから上昇気流がある場所を見つけ、**③**上昇気流に乗る。**この3ステップで考えればいいでしょう。

下落圧力の風が吹かない場所とは、グローバリゼーションもメカニゼーションもあまり関係ない場所です。それによって便利になるだけで、競争は激化しないようなところです。普通の場所だと世界中と競争することになりますから、勝つこと、勝ち続けることがとてつもなく困難になります。天才レベルじゃないと勝てません。

何かと置き換えられない領域をつくる。インドや中国、アフリカなどの安価な労働力と置き換えられない。安い製品に置き換えられない。機械にも置き換えられない。そんな領域のナンバー1を探すことです。

グローバリゼーション、メカニゼーションによる下落圧力を避けるわけですから、世界のどこかのサービスに置き換えられそうな、もっと安くやる人にやられそうなことは避けましょう。

避けるためには、たとえば今何が機械化が可能で、今後どのあたりが機械化されそうかという知識が有用です。かなりいろいろなものが機械化されますから、機械化されそうなものは、どんどん機械に置き換えられていきます。既存の職種の半分以上は、数十年以内に機械に置き換えられるだろうとも言われているくらいです。

ですから、置き換えられない領域を見つけて、そこを狙いましょう。

下落圧力の風が吹かない場所はどこにあるのか？

置き換えられない、唯一性のあるものをつくるときに重要なヒントが、**「アーティスト性」と「生き方」**です。

グローバリゼーションと機械化による置き換えを避けるアイデアです。置き換えられないためには、生き方が重要になります。「この人の生き方が好きだ！　生き方に共感する」と思われる人は、置き換えが起こりにくいでしょう。

たとえば、その生き方が好きな人と、似たことをやっていて価格が3分の1の人がいても、後者に乗り換えませんよね？　ある歌手のファンという人が、同じ歌を歌う違う歌手のライブが5分の1の価格だからといって、後者には行かないでしょう。

つまり、価格が安くても置き換えられない領域は残ります。そんな、置き換えられにくい領域を狙うべきです。

僕は昔からそういうことを考えていて、書籍でも主観的な話をわざと載せ、データ的な話を減らしています。データの話は誰でもできる、つまり置き換えられるからです。

単に機能を売るのは非常に置き換えられやすく、似たような安いものが出たら乗り換えられてしまいます。

これからは、置き換えられにくい「アーティスト性」が自分を守ってくれるでしょう。単なる機能なら同じ職種の人に置き換えられますが、アーティスト性、生き方の置き換えは難しいからです。

それは個人でも大企業でも同様です。アップルのスティーブ・ジョブズさんも、置き換えられにくいものを提供し、共感する人を増やしました。

ジョブズさんが亡くなったとき、僕も銀座のアップルストアに行きましたが、たくさんの人が来て献花していました。でも、シャープでもNECでも、社長が亡くなったら、シャープやNECショップの前に花を持っていく人がいるでしょうか？　パナソニックはどうか、トヨタはどうかなど、そういうことを考えてほしいんです。

アーティストが亡くなると、たくさんの人が告別式やお墓に行きます。みなさんも、アーティスト性を伴う唯一性を意識してください。これは非常に微妙な要素から成り立っています。

作品は非常にコピーされやすい時代ですが、アーティスト性は、コピーしきれないものです。アーティスト性や生き方にはコンテクストがあるため、唯一性を出しやすいのです。

僕は大学に入って塾講師をやっていましたが、そのときからずっと、今に至るまでフォローしてくれている人たちがいます。勉強法の本をはじめて出版したのは2008年ですが、そのときに僕を知り、そのとき以来、ずっといろいろ見てくれている人たちもいます。その後の書籍も同様です。これは、僕がアーティスト性を意識してきたからであり、たとえば、単に「勉強法」をデータに基づいて述べた書籍を出すだけでは、こうならなかっただろうと思います。

また、本を出すと、（もしかしたらそれを参考にして）似たような書籍やサイトも出ますが、言っている内容が似ていても、僕とは、コンテクストが異なります。

たとえば、好きでもない相手に「愛してるよ」と言われても、もしかしたら気持ち悪いかもしれませんが、好きな相手から言われたら、うれしい。「同じ言葉」でも、コンテクストが異なれば、体験が変わります。

「唯一性」とは、体験の唯一性のことなのです。

好き勝手やったほうが支持される

アーティスト性を出すための１つの方法が、「**好き勝手やる**」です。

「アーティスト性を伴う唯一性があることが大事というけど、どうすればアーティスト性が出るの？」と思う人は、好き勝手やればいいんです。好き勝手にやるから個性が出るわけです。

好き勝手にやらずに、自分を「演出」ばかりしていると、深さがありません。それは、魅力がないのです。一般ウケを狙うよりも、似ている人たちからの評価を狙う。

それには、媚びないほうがいい。

多様性の原因も「好き勝手」です。人々の多様性が表面化した理由は、みんな昔より好き勝手にやっているからです。自由が拡大し、人々がどんどん好き勝手になっています。

自分勝手な人が増えると、当然マイナス面もあります。道徳が悪くなります。自己主張が強くなります。クレームも増えます。

この流れはおそらく、しばらくは続くでしょう。ですから、もっと自分勝手に、もっとわがままに、もっと自由にやらないと唯一性は埋もれていきます。

わかりやすいのは、今でも愛されている昔のロックスターでしょう。自由奔放だったから、時代を超えたアーティスト性と唯一性があるわけです。

また、近年日本発で世界に広がったものとして、「絵文字」があります。

これは、日本人が好き勝手にやって遊んでいたものです。当時、日本で独自に発達したものとして、「ガラパゴス」などと揶揄されていました。「若者の文章表現力が下がる」などと、危惧もされました。

ところが、「ガラパゴス」どころか、「絵文字」文化は、Unicodeという文字コードに乗って世界に広がりました。

「どうやったら、世界に広がるか？」と知恵を絞っても、なかなか世界に広がる製品設計ができないものなのに、みんなで好き勝手に遊んでいたら、世界に広がった。

その結果、日本人が開発したものだけでなく、絵文字は増えていきました。世界の人たちが、触発されて「遊び」始めたのです。リーダー性が発生したわけです。「型にはめる」のではなく、みんなの創造性を刺激するという、これからの時代に重要な価値が生まれました。

そして、この需要の発生によって、世界のさまざまなアプリケーションがUnicodeに対応し、その結果、絵文字に限らず、世界のさまざまな文字に対応したアプリケーションが増え、グローバリゼーションが進展したのです。

そうなると、今度は絵文字だけでなく、他言語の文字を使った「文字遊び」も発生しました。

このように、グローバリゼーションの進展も、押し付けでは起こらず、たとえば、文字コードの規格をつくるだけで、それが普及するというわけではありません。「より便利である」「使いたい」「ないと不便」「面白い」「楽しい」などの需要がその後押しをし、置き換えが発生します。

旧来の価値観に縛られているようなものは、「つまらない」ので、このような普及力をもちません。

旧来の価値観に縛られていたら、好き勝手やれません。好き勝手しなければ、その他大勢と一緒になりますから、唯一性が出ません。その他大勢と一緒だったら、その価値は置き換えられやすいです。

「好き勝手にやりましょう」と言っていますが、大事なのは、**「好き」じゃないことをやっても意味はない**という点です。

自分はやりたくないのに、新規性があって人の興味を惹くからやってみる、ということはうまくいきません。一時的に人々の興味を惹くことはできるかもしれませんが、結局ダメになります。

本当に好きなことを、やりたくてやっている人は、反感を買うかもしれないけれど、共感する人が必ず出てきます。多様性があるから、小さくてもマーケットがあるわけです。

計画的に少しずつ好き勝手をやり始める

これまでの型にはめる時代では、みんなと一緒、つまり置き換え可能なことに意味がありました。ところが今は逆になりつつあります。

人は逆になる動きには対応しづらいため、みんな出遅れるわけです。ですから、一歩先にいきなり好き勝手をやるとひどい反感を抱かれます。現状から移動していくときには、少しずつ計画的にやったほうがいいでしょう。

計画的に徐々に好き勝手に生きる方向に移行し、個性的な生き方を出して唯一性をつくる。多様性の中で先行し、自分をリーダーとして見てくれる人、支持してくれる人と出会うことです。

自分から発信しないと、支持してくれる人に発見されません。ただし、「発信」と言っても、押しつけではなく、魅力があり、似た人々を惹きつけるような「発信」です。多様性の拡大が進んでいますから、支持してくれる人はいます。自分を発信する際に大事なことは、間違っているか正しいかではありません。**本音かどうか、響くかどうか**です。

かつての客観性の時代は、テストの○×で正解が決まっていたように、正しいことが大事でした。しかし今は違います。本当かどうかは自分の主観性、自分にとって本当かどうかで決まります。

わかりやすい例はスピリチュアルでしょう。スピリチュアルは、信じている人たちにとっては本当の話と感じられるからこそ、彼ら、彼女たちは、熱く支持している。客観性を証明するのが難しくても、現実に売れているわけです。

客観性が好きな人から、「オカルトだ」「おかしい」と非難されますが、そういう人が買わないだけで、買う人はいるわけです。

逆に「科学だ」「客観性だ」「エビデンスだ」と言っている客観派の人が売るものを、みんなが買うのかといえばそうではありません。客観派に説得されない人もいるからです。

「客観的なものに価値がある」という考えは主観です。これは「客観性に価値を感じる」という主観的な価値観ということです。

つまり、客観性があるから万人に受け入れられる時代ではなくなってきました。「私は客観的なことが好きなんだ」が本音だという人、そういう主観的価値をもっている人はいますが、客観性そのものはもはや普遍的な価値をもちません。

非難を恐れず本音で生きよう

これからは、偽物は大変嫌われます。だから生き方が問われるのです。自分に忠実であればいいわけで、それがナンバー1のつくり方です。

アップルは本当に好き勝手やっているわかりやすい例です。アップル製品は、みんなにアンケートを取って、みんながほしい機能を入れるだけではなく、ビジョンがあるわけです。

なんでもかんでも入れるのではなく、「こういう機能があったらめちゃめちゃいいよね」というように、本人が本音であることが大事です。「どう、これ素晴らしいでしょ！」と自分が思っているかどうかです。全体には売れませんが、それを「いいね」と言ってくれる人がいるわけです。

これは、「押しつけ」になるかどうか、とても微妙なのですが、このような**「微妙なライン」で成立するからこそ、アーティスト性がある**のです。

本音で思っていることを言っていいんですから、楽といえば楽です。ただし、本音で生きるとき、つらいかもしれないのは、非難が起こることです。思っていることを言えば同意してくれる人も出てきますが、バカにする人、非難する人、「あんたはおかしい」と言う人も出てきます。

そこが障壁になるかもしれません。気になるかもしれませんが、気にしすぎず行くしかないです。僕もけっこういろいろ言われますし、気にもしていますが、やめない。

やめたら負けですから、進むしかないんです。

次章では、これらの話を踏まえ、今後伸びていく仕事は何か、もっと具体的にお伝えしていきます。

第3章

2極化によって
伸びていく仕事とは

2極化時代に伸びていく3つの仕事

僕がこれから伸びると考えている仕事は、

- 現実逃避業
- インフラ構築業
- リーダー業

の3つです。この3つの要素をすべてもつことが重要になっています。つまり、自分自身の仕事にこの3要素のすべてを入れ込むことを考えてください。

これも大企業だけではなく、個人ベースでできる話です。

現実逃避業が伸びる理由は、今後は収入が下がっていく人がたくさん増えるため、そんな現実から目を反らしたいという欲求が必然的に出てくるからです。

現実から逃避するための考え方、あるいは映画や音楽、マンガも現実逃避を助けるものといえます。非現実の世界で楽しませるコンテンツは昔からあります。音楽も、アルコールもたばこも現実逃避的な側面があるかもしれません。今はその方法がもっとたくさんあるわけです。

現実逃避を助けるには、感覚に上手に快楽を与えることが基本です。そのため、この時代の流れに乗るには、考え方やコンテンツに現実逃避としての快楽の要素を入れ込んでいけばよいわけです。

ゲームなどはその最たるものです。

大勢の人が、ネット上のゲームに使うツールや、ネット上のアバターが着られる服にお金を払っています。服といっても単なるデータで、ドットです。

非物質的なものに価値を感じ始めているため、現実逃避による価値提供がやりやすくなっているわけです。

ネット上の出会いから始まる男女関係でも、ネット上でのやりとり中にすでに好きになっていれば、はじめて会ったときに見かけで引いたとしても、関係が続いたりします。

昔は逆でしたが、今は物質的なものの価値が減って優先順位が低くなっていますから、そういう組み立てができれば割り切れるんです。

特にインターネットで、サイバースペースと言われるような非物質的な世界ができてきており、その中で価値が生まれています。

非物質的価値、特にサイバースペースの中に、現実逃避価値が生まれているということです。

非物質的価値がアドバンテージになる
――希少価値の高い人間になる

「そんなおかしなものに金を払うのはおかしい」と言っていたら、時代に乗れません。

誰が何に価値を感じているのか、無形の価値がどこにあるかを感じる力が重要になってきます。

自分が着る物質的な服は、洗って何回も着る安ものの服で、アバターに着せるバーチャルな服にお金をかける時代です。

無形のものに価値を感じるようになると、物質はいりません。

音楽も動画も、定期課金で月額を払えば、聴き放題、観放題の時代になりました。聴ければよく、観ればよく、ＣＤやＤＶＤなどの物質の所有には価値を感じない人が増えています。

大量に何百曲も聞くヘビーユーザーはもちろん購入動機をもちますが、そんなに音楽を聞かない人でも、「アクセス権＝いつでも聞ける」という状態に対して価値を見出し、払うわけです。そして、それによって、それまで月に数曲しか聴かなかった人が何百曲も聴く。ライフスタイルが変わります。

そうなると、「自分の趣味に合う曲やビデオを探す」機能が優秀であったり、ダウンロードが速かったりするなど、これまでとは、別の場所にも価値が生まれてきます。

無形だったらなんでも売れるわけではありませんが、有形のものは売りにくくなっていきます。時代の流れが有形から無形に動いているからです。

無形の似たようなものでも、買うものと買わないものがあり、両者の「何が違うのか」という部分を見つけましょう。**無形の価値がどこにあるかを感じる力が大事で、その力をつける基礎が「観察」**です。

たとえばさまざまな店舗でメールマガジンやＬＩＮＥを送っていますが、あれは情報を送っているわけです。無形の価値をプラスしているのです。

ところが、ゴミ情報を送られたら、むしろ邪魔ですよね？

情報配信や教育は、いろいろな業界に取り入れやすいです。その際、**非物質的な価値に、現実逃避価値を盛り込む**ことを意識してみてください。

現実世界に関わるより、非物質的な価値の中に入る人が増えている。また、現実逃避の一環として、肉体をもって生きることに面倒くささを感じる人が増えています。端末やＰＣを操作して、バーチャルな世界、サイバーな世界にいるほうが、楽で、楽しくて、自由で、エンジョイできる。

このように変わってきた価値を、自分の業界にプラスする。無形の価値を自分の業界に取り入れるためにはどうするか。現実逃避価値を、どう取り込むか。このような対策ができていないと価値が下がりますから、人が集まらなくなります。好き勝手やるというのは、無形な価値を増やす１つの工夫なのです。

「無形の価値」を提案できる人になる

現実逃避は、軸足は現実にあって、そこから移動しているというニュアンスですが、すでに現実よりも非物質的な方向に人が入ってきています。ですから、いずれは「現実逃避」と言うより、「非物質的価値を構築する」と言ったほうが実状に近くなるでしょう。今は移行期だからこそ、「現実逃避価値」が強調されます。

この流れはまだしばらく続くと思います。さらなる通信技術の発達やインタフェース技術の進化によって、多くの人が想像しているよりもはるかに早く、非物質的な価値に重きを置く世界が進行するでしょう。

ですから、よく観察して、**人がどのようなところに非物質的な価値を感じるかを知る**ことが、2極化をサバイバルするうえでの重要なアプローチになります。

昔はものづくりでしたが、今、そしてこれからは無形の価値をよく理解している人が、価値を創造しやすくなっていくのです。

この「無形の価値」は、まだ一般化されている知識ではありません。「インターネットを使いましょう」は、あくまでも、ごくごく初歩的な概念です。インターネットを使って無形の価値をどう提供するのか、どんな価値が提供できるのかを捉えられる人、提案できる人がまだまだ少ない。

価値観がどんどん変動しているため、時代に合った価値を提案できる人材は希少価値があります。

ユニクロに見るインフラ企業のコミュニティ形成

伸びていく分野の２つ目はインフラ構築業です。インフラ構築業が伸びるのは、グローバリゼーションの進展を支えていくインフラが、新たに必要になってくるからです。

ここではユニクロを例にして考えてみましょう。ユニクロはもはやインフラだからです。

インフラとは、共通の基盤としてみんなが同じ方法で使えるものです。旧来のインフラといえば道路やダムなどですが、ユニクロはもはやインフラと言っていいと思います。海外旅行に行っても、ユニクロに行けば、いつもの服が調達できるのです（同様に、たとえばアルマーニもシャネルもエルメスもルイ・ヴィトンもインフラです。「高級」というだけでなく、「同じ」という価値を提供しています。サイバースペースにおける金銭の現実界へのインタフェースになっているのです)。

これまで無形のものの価値についてお話ししましたが、ユニクロが売っているものは服という物体です。では「ユニクロが生産している無形の価値は何か」と考えたとき、現状では、(僕が誤解しているかもしれませんが)ユニクロはコミュニティ構築が弱いと思います。

コミュニティ構築ができていれば、それを使って盛り上がり、無形の価値が生まれます。イメージとしては、「ユニクロのあの服とあの服をこう組み合わせて、こうコーディネートしたらいいよね」「これとこれはかさばるから、旅行にもっていくより、現地で調達したほうがいいね」と、おしゃべりしてみんなが盛り上がる場所、つまりコミュニティがつくれていない。

非常に優秀な企業ですから、これからやっていくかもしれませんが、なぜかコミュニティ構築が後手に回っているのではないでしょうか。産業に、一次産業、二次産業、三次産業とあるように、ものの機能の価値だけでなく、使い方や楽しみ方など、さらにそれによって生まれる価値があるわけです。

みんなが同じもの、同じ価値観で盛り上がるのが、考え方や好みによるコミュニティのイメージです。たとえば、「ユニクロの服を組み合わせてこうすれば面白い」「こんな商品が出たらいいね」「今度の新商品は、どうたらこうたら」とユーザーが盛り上がる感じです。

アニメであったり、音楽であったり、最初から無形性がわかりやすい分野では以前からコミュニティの発達があったのですが、今後は、「一見物質だけれども、実は無形価値が重要になっている」分野でも発達していきます。

コミュニティ構築ができて、インフラ構築もできて、かつリーダー業もできていると、無形の価値も、より与えることができます。組み合わせる喜び、人々とおしゃべりしてやりとりをする喜びといった、無形の価値が与えられるわけです。

基本的には、うまくいっているコミュニティは、一見自然発生的にできたように見えても、実際はリーダーが仕掛けている場合が多いです。みなさんも、自分はどうやって仕掛けたらいいか考えてみてください。

ユニクロのコミュニティをつくるとしたら、たとえば店舗に来客した人などにどんなはたらきかけをすればいいか、などなど、いろいろ考えるわけです。自分の業界で何ができるか、頭を使ってください。

インフラは巨大企業だけが構築するものではありません。世の中のみんなにとって必要という意味の巨大インフラではなく、数少ない人数でも、その人たちにとってはインフラとして機能するようなものをつくる。

僕も英語の教材や、アプリケーションの使い方のサイトなどをつくっていますが、インフラになることを考えてつくりました。

無形の価値を提供すること、インフラになること、そして次にお伝えするリーダーになることを考えて、商品設計をしていく。この切り口はいろいろな職種、業界に共通して使える時代の切り口ですから、ぜひ頭を使って考えてください。

職業で収入を決める考えは古い

これから伸びていく仕事の３つ目がリーダー業です。**これからはリーダーシップの時代で、リーダーが高収入になります**。上に行きたい人はリーダーになったほうがいいでしょう。

高度な専門家という道もありますが、それでも、高度な専門知識をもつ人たちの中でのリーダーになっていないと、これから上に行くのは難しいです。

つまりリーダーにならないと、ほとんどのケースで高収入側に行くのは難しくなってきます。リーダーは多くの人と関わっていきますから、それで高収入になるわけです。

僕は、職種ごとの収入格差が減少していくと予測しています。つまり、「収入を高くしたいから、こういう職種がいい」という考え方が古くなる可能性が高い。「高収入の職種」は少し古い価値観です。職業ごとの平均収入の格差が大きくなるとその反動で平準化が起こり、むしろ職種におけるお金の格差は減少します。

そんななかでどこに格差が起こるかといえば、リーダーかどうかという部分です。

以前、文部科学省有識者会議で、大学再編案が出ました。G型、L型に分けるというもので、G型はグローバル経済圏において競争力を確保する絵を描けるようなエリート養成校、L型はローカル経済圏の生産性を向上させる人材養成校です。L型はダメなタイプ、つまり、負け組がいく大学ととらえた人が多かったようなのですが、そうではありません。

G型が勝ち組でL型が負け組という概念ではなく、L型も勝ち組側に入れます。たとえばG卒なら大学で英文学を教えたり、人類の思想史の流れを捉えて、新規事業を設計する。L卒なら英語で地域の観光案内をする、外国人労働者の指導をするなど、同じ「英語」でもその職業で使う英語のスキルが違うのですから、Lが低収入になるという意味ではありません。

抽象的なことをやるか具体的なことをやるかで収入格差が起こるわけではないんです。**具体的な領域でも、リーダーになれば高収入側になります。抽象的な領域でも、リーダーにならなかったら収入は上がりません。**リーダーになるか、支持者が多いか、ついてきてくれる人が多いかで差が出てきます。

いわゆる「高収入」と言われていない業界でも、リーダー型の人、多くの人がついてきている人の収入は高いでしょう。収入の高低は職種による、という時代ではないのです。

職業に貴賤なし。リーダーが高収入

たとえば医師、特に勤務医の収入は下がっていると言われていますが、おそらく下げ止まると思います（医学部の定員が大幅に増えれば別ですが）。

しかしもっと自由化が起こり、外国から医師が入ってきたら、さらに下がります。そうなる可能性もけっこう高いですが、そうなってもリーダーの収入は落ちません。たくさんの医師が話を聞きに来てくれるリーダー、あるいは患者がたくさんついている、コミュニティをもっているリーダーの収入は、下がるどころか、おそらく上がっていくでしょう。

たとえば、昔は民間療法士は医師より収入が低いのが普通でしたが、これからは違います。医師だろうが民間療法士だろうが、リーダーは高収入です。リーダーでなければ医師でも収入はあまり上がらないという時代になっていきます。

僕はそう見ているから、「リーダーシップ能力を高めよう」と言っているのです。それぞれの職種内で、高収入層と低収入層が生まれてくる。つまり、リーダーかリーダーじゃないかで差が出る時代になるのです。

「職業に貴賤なし」と昔から言われていますが、これまではあまり実感がなかったと思います。概念としては理解できても、結局は収入格差があるからです。現代人はやはりお金を基準に判断することが多いんです。

しかし職種ごとの収入の平準化が進行すれば、みんなが「職業に貴賤なし」を実感すると思います。職種ごとの収入格差が減るのは、結局、垣根が低くなっている、つまり移動が自由になるからです。

これからの〝ネオ・リーダー〟の役目

現実逃避業、インフラ構築業、リーダー業の話をしてきましたが、現実逃避業とインフラ構築業は、その中に位置していても低賃金労働者になってしまう可能性は依然として残ります。ですから収入を下げたくない人は、**リーダーとしてのスキルを身につける**ことが大切になってきます。

つまり、現実逃避業やインフラ構築業をめざす場合でも、その中でのリーダーであることが大事になるわけです。

「リーダー」をあまり大げさに考える必要はありません。その業界全部のリーダーになる必要はなく、小さな規模でいいんです。

たとえば、3人とか4人、5人くらいの規模からリーダーが必要になってきます。小さなグループのリーダーも含めて、リーダーであることが大事だということです。必ずしも大人数をまとめるリーダーをめざさなくてもいいのです。

リーダー業は、ビジネス構築と収入という観点と被ることが多いですが、必ずしも被るわけでもありません。

たとえば、専業主婦が家事をビジネスとして考えて設計したとき、そこで収入が生まれるわけではありません。料理をつくっても、家族からお金をとらないわけですから、売り上げはありません。それでも、そこをビジネス的に構築していける力が大事になってきています。

収入がからんでいなくてもリーダーとしてのふるまいができる、実際にリーダーとして動いていける、生きていける、活動していけることが大事なのです。

たとえば、料理をつくるにしても、ただつくるのではなく、なぜ、その料理なのか。料理を通じて、家族の肉体や価値観を、どうしていきたいのか。このような面が重要で、「ただつくる」だけでは家族の支持を得にくくなっていくでしょう。

収入という観点から離れて、恋人との関係をよくしたり、よい家族関係を構築するなど、そういうところでもリーダー業は大事になってきています。

今の時代のリーダーに大事なことは、**行くべき道とめざす未来を示す**ことです。それができなければ恋人関係を維持することも難しくなりますし、よい家族関係を構築するのも難しい。そういう時代になってきているのです。

専業主婦だけではありません。たとえば、男性が家族を率いる場合でも、「お金を稼いで、家に入れているじゃないか」だけでは足りないのです。さらに、無形の価値。家族をどちらにもっていくのか、そのビジョンによって率いていくリーダー性が必要になります。

それがないなら、かたちだけの家族になり、家族の構成員一人ひとりは、別々のコミュニティに属していく、ということになります。

人々の高い欲求レベルを満たしてあげる

なぜリーダー力が必要になっているのか、ここでその背景をお話しします。

世の中が豊かになると、人間の欲求レベルが上がります。そのため、自分自身がよい方向に進化し続けないと満足できない段階にすでに入っています。めざす未来がわからないとつまらなくなり、そのグループやその場所にいる意味を感じられなくなってしまうわけです。

そのうえさらに、個人主義の進展で個々人がバラバラになってしまうと、未来を示すことがすごく大事になります。

たとえばジムのインストラクターで、マシンの使い方などワークアウトの方法をただ教えるだけの人と、「あなたはこういう体型になって、こう健康になって、こうなれますよ」とビジョンを示し、そこに向かっていくための方法を教えながら、やる気が落ちたときにはやる気を出す手助けをしてくれたり、ペース管理もしてくれる人とでは、明らかに後者のほうに人は集まるわけです。

つまり、ただ機械の使い方を教える人と、リーダーとしての仕事をしている人とでは、収入も人気も、ロイヤリティも違うわけです。

ですから、**いろいろな業種にリーダー性を取り入れていくことで、時代の流れに乗りやすくなる**わけです。

これはいろいろな業界でインターネットを取り入れることで、時代の流れに乗りやすくなっていったのと少し似ています。

ロイヤリティとは忠誠心のことで、「この人についていこう」という気持ちのことですが、リーダーであるかどうかによって、すでにいろいろな職種、いろいろな仕事で、２極化が進行しています。

こうした観点で、まわりを見渡してみると、見えてくることが増えますから、ぜひ観察して、納得していただければと思います。

こういうことがわかってくると、現在個人でビジネスをやっている人も、自分のサービスをどのように改善していくか、どういう切り口で訴求していくか、あるいはさらに、どんなスキルを身につけていけばいいのかがわかってくるはずです。

2つのイノベーションを活用する

この3分野において、仕事をさらに前に進める「エンジン」が2つあります。

1つ目が技術革新によるイノベーション、2つ目が組み合わせによるイノベーションです。

いずれにしても「イノベーション」ですが、それぞれを言い換えると、

・**価値向上の手段として技術革新を取り入れてイノベーションを起こす**

・組み合わせによって有機体を創造し、イノベーションを起こす

ということです。

技術革新によるイノベーションの場合、自分自身が技術革新を起こさなくても、**革新的な技術を比較的早めに見つけ、早めに取り入れればＯＫ**です。

組み合わせによるイノベーションの場合、技術自体は革新的ではなくても、これまでなかった新しい組み合わせによる価値創出を考えます。

イノベーションをどこかで出していかないと、人の興味を引きません。ですから、イノベーションという要素も入れ込んでいくことが大事になります。

今からそれを意識してスキルを身につけていけば、時代に乗り遅れることはありません。多くの人が「少し早め」に動きませんが、少し早めに準備をしている人は、荒波を越えて行きやすいわけです。

強い結束がありつつ個人を尊重するコミュニティの時代がくる

リーダーが大事なことにも、グローバリゼーションが関連しています。

日本の場合、基本的にはグローバリゼーションによって、人が増えるわけです。これまで関連がなかった人たち、つまり低収入の人たちがネットワークにたくさん入ってきます。その中で低収入の人たちに流されずに生き残るためには、**強い集団をつくるか、強い集団に属する**のがいい。

ですから、前に進むためにも、自分がよいリーダーになっていくか、あるいはよいリーダーを見つけてついていくかが大事になってくるわけです。

下に流されないためにも、よいリーダーのもとでコミュニティを形成して固まるのがいい。「固まる」と言っても、ガチガチに固まると環境変動に適応できなくなってしまいますし、個人の好みでまとうコミュニティにもなりにくいので、緩くて出入り自由だけど共通のパッションをもつ感じがいいでしょう。

つまり、固まることが大事ですが、同時に個人を尊重することも大事です。ガチガチの集団は環境変動に対応する力が弱いし、個人の尊重も弱いので、さじ加減が重要です。


いずれにしても、現段階では「強い結束」はまだ早過ぎますから、もっと時代が厳しくなるときのために準備して、「厳しくなってきたときに結束が強くできるような仲間を探し始めておく」くらいの感覚がちょうどいいでしょう。

もちろん、早めに準備を始めている人は、もうすでにそういう体制をつくり、強い結束の仲間がいて、準備万端で荒波を待ち構えています（ただし、早すぎる場合は維持コストが上がることも注意です）。


現実逃避業の重要な性質は、基本的には大衆を相手にしているということです。現実逃避したくなるのは大衆だからです。

一方、リーダー業やインフラ構築業は、そもそも大衆的でない人を相手にする場合と、大衆を相手にする場合と両方のパターンがあります。

大衆を相手にするリーダーとは、僕が言うような意味でのリーダーではなく、大衆を扇動して全体主義的な仕組みをつくろうとするリーダーです。嘘でもいいから、大衆を扇動できればいい。僕からすれば、えせリーダーです。低収入アンハッピーな人が増えるなら、多様化の流れに反動が起きて、そのようなリーダーが強い力をもつようになるでしょう。

そうなると暗い時代になるかもしれませんが、いずれにしても、今の時代、そしてこれから来る時代に向けて、自分と自分の周りの人が力強く前に進めるようになるためには、リーダーは必要なのです。

次章では、これからのリーダー像と、リーダーが重要な役割を担うコミュニティの構築について詳しくお伝えしていきます。

第4章

2極化サバイバルのカギは“コミュニティ”

のび太くんが最強になる時代

タブー感が消失して、垣根が低くなっているのも、広い意味でのグローバリゼーションと考えられます。

昔は職種間で収入格差が大きく、タブー感が多い職業や危険な職業は障壁ができるので収入が高くなりやすかった。今でもさすがに危険な職業は垣根が残っていますから、高収入のままです。

ただ、ロボット化されたら別です。軍事関係はどんどんロボット化されています。先進国は無人機を飛ばすくらいですし、ゲーマーが軍人としてリクルートされる時代が現に来ているわけです。無人機のコントロールをゲーマーにやらせるわけです。

時代はどんどん進んで、『ドラえもん』ののび太くんが最強軍人になれるような時代がやってきます。

のび太くんは射撃がすごくうまいため、今のバーチャルゲームも超強いはずです。そういう人が最強軍人になれる時代が来ているわけです。ロボットを正確に動かす弱々しいゲーマーが、筋骨隆々の生身の軍人より強い時代です。

価値の変化に乗り遅れると本当に下へ下へと追いやられてしまう時代が、どんどん来ています。

キャバクラ嬢やAV女優が稼げなくなった理由

タブー感の消失が起こると垣根が低くなり、自由が拡大します。

わかりやすい例が、水商売です。若い女性が水商売をやるタブー感が、昔と比べてかなり薄れました。少し前には「憧れの職業」にキャバクラ嬢がランクインしたくらいです。

最近、「憧れの職業」欄にAV女優という項目があるアンケートがありますが、昔だったら考えられないことです。特に40代以上の人にとっては考えられないといっていいほどの変化です。

タブーが低くなると、参入する人が当然増えます。AVが本当にわかりやすいですが、30年くらい前の「エロビデオ」を見ると、かわいくない子がたくさん出ています。しかも彼女たちは高収入でした。なぜなら、「そんな仕事なんてとんでもない」という時代でしたから参入障壁が高かったため、やりたがる女性がいなかったからです。だから、出るだけで稼げた。見た目がかなり「いまいち」なAV女優でも儲けられる時代だったわけです。

これは水商売に限らず、いろいろな業界であることです。キャバクラも、タブー感が低くなり、参入する女子が増えると供給も増えますから、全体的に収入が落ちます。これもグローバリゼーションの一環と考えることができるのです。

「タブー」という障壁があった時代は、「そこに入ったらおしまい」みたいな感覚のせいで人が参入してきませんでした。しかしタブーがなくなると高収入に惹かれ、たくさん人が来て、供給過剰で賃金も低くなり、ほかの職業との収入の平準化が起こります。

タブーによって守られている領域があれば、あえてそのタブーを犯している人は高収入が得られました。しかし**タブーがなくなったら多くの人が入って来るから収入も減り、平準化が起こるという流れ**です。

ですから、タブー感によって守られてきた職業は障壁の消失によって、また、危険性によって守られていた仕事は、機械化で機械に置き換えられて収入が落ちます。

タブー、専門知識、規制がなくなる領域

また、専門性が高い職業の収入も落ちます。知識が解放されますから、これまでは専門家に聞かないとわからなかったことが、Ｇｏｏｇｌｅで検索すればだいたいわか

ってしまうわけです。
専門家もなんでもかんでも知っているわけではありませんから、ピンポイントでしっかり検索されたら、Ｇｏｏｇｌｅ検索に負ける可能性が高いわけです。さらに、ＡＩが発達して人工知能システムによる質疑応答がどんどん可能になってきますから、検索エンジンはより使いやすくなるでしょう。

本も身近になかった時代は、専門知識はそもそも大学などに入学して教わった人しか知らなかったわけです。あるいは専門家集団の中で働いている人しか知りませんでした。

それが今は本もたくさん出ていますし、ネット上で専門知識を入手できるなど、垣根が低くなったわけです。「専門知識に守られている人」も、垣根が低くなることで収入が落ちていきます。

これから不利になっていく領域をより具体的に言うと、**タブーが消失する領域、専門知識が解放される領域、規制が緩くなっていく領域**です。障壁があることで高収入を保っていた手法が役に立たなくなり、収入の平準化が起こるからです。

医学がわかりやすいでしょう。医学の専門知識は医師に限られていました。以前は健康問題は医師に相談に行きましたが、今は知識が広まっているため、健康に詳しい身近な人、民間療法をやっている人などに平気で相談に行きます。むしろ医師よりも信頼を勝ち得ている人もいっぱいいます。

あるいは医師に聞く前にネットで専門家の知見を検索し、それで解決する場合もあるでしょう。そういう時代なのです。

垣根がどんどん低くなるため、人もどんどん移動します。タブーもなくなっていき、専門知識の垣根もなくなり、規制も緩くなって自由化されていく。移動コストも下がりますから、さらに自由が進展していきます。

不自由さによって守られ、高収入を確保するスタイルは古くなるのです。みなさんに、そんな自由な世界で生き残るにはどうするかを考えてほしいのです。

現在進行中のアプローチも、一応あります。勝ち逃げする方法です。収入が落ちる前に稼いで勝ち逃げする。

グローバリゼーションやメカニゼーションの進行で収入が下がるだろうけれど、まだ下がっていないところがあります。今後はおそらく下がるだろうけど、まだ下がっていない領域です。

すでにその領域に入っている人、あるいはすぐに入れる人は、収入が下がる前に、短期限定、中期限定ということであれば稼ぐ方法はあります。

今、肉体労働が一番稼げる!

具体例を1つあげれば、たとえば国内での肉体労働です。これは日本プレミアムがまだついています。日本の肉体労働の賃金は、国際水準より高い。外国人労働者が入ってきていますが、まだ十分に入っているわけではありません。規制があるからです。ということは今の段階であれば、日本国内で肉体労働をすれば世界標準よりも稼げるんです。ですから今のタイミングで入れば有利です。

このように、いつまでかはわかりませんが今なら勝てる領域は、いろいろな業界にあります。

その領域に長期間いたら不利ですが、まだ**稼げる間はそこで稼ぎつつお金を貯め、次の時代に備える**というやり方も、もちろんアリです。

ただこのやり方は、相場でいえば、上がっている最中に「売り」で入るみたいな方法です。上がっている最中でも部分的に下がるときに「売り」で入れば勝てます。勝てますが、短期集中です。いつまでもやると負けてしまうので、肉体労働に入るならそこは理解してください。

もちろん、早めに入り、知見を蓄積して、リーダーとして成長すれば、その後も勝ち続けることができます。そういったことも、本書をここまで読めば、わかってくると思います。

上昇気流に乗るためにはファンがいるコミュニティを形成する

ここまで読んだら、上昇気流に乗るためのキーワードもだいぶわかってきたと思います。

これまでの話をつなげて考えてください。これまでわざといろいろな話をしてきましたが、「時代の読み方」「今後有利なこと」と重ねて考えてほしいんです。

結論的に言えば、**コミュニティをつくって、ファンをつくれば2極化を生き抜いて上に行く**ことができます。

「どうしてコミュニティが、これまで話に出てきた2極化のサバイバル条件を満たせるんだろう」と考えてください。

これから伸びるのはリーダー業だと言いましたが、リーダーと言っても、いろいろなタイプのリーダーがいます。これから高収入側にまわるリーダーは、コミュニティをつくっていて、ファンがたくさんいるリーダーです。

そういうタイプのリーダーが収入を上げやすいのですから、自分の業界で、あるいは自分自身がどうすればファンをたくさんつくれるか、考えてほしいんです。


リーダーとフォロワーという構図があります。リーダーについていくのがフォロワーで、リーダーシップのある人にみんながついてくる。

もちろんリーダーである以上、コミュニティのみんなもついてきますが、フォロワーと呼べるほど積極的についてくるのとは違うということです。

ここも従来のリーダーシップタイプの概念を刷新してください。「みんなついて来い」というのがリーダーシップではありますが、１人はるか先頭にいて「ついて来い」と言ってみんながついていくタイプのイメージではありません。

この、単純にみんながついていくタイプのリーダーシップもうまく機能しなくなっていき、多様性に対応できなくなっていくでしょう。

コミュニティに必要なリーダーシップ

基本的に今後のリーダーシップで大事なのは、**ビジョンは示すものの、「放っておく」**ことです。これが非常に重要な要素です。今後のリーダーは、みんなを普段、放っておく。ですので、各自がある程度自由に動いています。

ただ、放っておきすぎてもいけません。放っておきすぎたら何もやっていないのと同じですから、そのさじ加減が、リーダーシップでは大事です。

いつもひたすら引っ張っていくタイプのリーダーではなく、ビジョンを示して助けるけれど、普段は放っておく。大事なところだけ押さえるということです。

コミュニティ運営のキーワードは、教育や進化です。「教育」はいろいろな業界で取り入れられるキーワードです。

コミュニティを運営するリーダーは、その内部で広い意味での教育を行う。教育すると、メンバーに進化が起こるわけです。単なる社交的な仲良しなだけでは、お金があまり動かず、高収入になりません。そこには教育や進化がほとんどないからです。

コミュニティのキーワードは「脱中心化」

「教育」といっても、徹底的に教育するわけではなく、これも普段は放っておく。メンバーが自主的に動くようにする。

単なるフォロワーは自主的に動くのではなく、リーダーにくっついていくだけです。

これからのコミュニティは、もっと緩いタイプのコミュニティです。各自が自主的に動いているけれど、ちょっと統一感があって進む方向は一緒、ということです。

風の中の空気分子みたいに、風が吹いていていたら分子はなんとなくみんなそっちに行きますが、分子そのものは、風とは関係なしにほぼランダムに動いているわけです。そういう感じのコミュニティです。

キーワードは「**脱中心化**」です。

これはよく心理学で用いられるような意味ではありません。本書のオリジナルの用語としてとらえてください。

つまり、従来型のリーダーシップはリーダーが中心で、みんながそこを見ている、求心型のリーダーシップです。しかし、今後は「脱中心化」ですから、中心がないコミュニティをめざします。

明確な中心がないほうが、時代に合っているのです。そういうタイプのコミュニティづくりを考えてください。いわば、**中心というよりは、象徴になる**のです。そのコミュニティのあり方を体現する存在であるということです。

具体的に言えば、たとえば僕のコミュニティではいつも僕が主役というわけではありません。企画によっては別の人が主役になるほうがいいわけです。

ある企画のときはAさんが中心で、それが終わったらまた中心ではなくなる。自主的に、あちこちに中心が生まれるタイプのコミュニティをつくるのです。

そのあちこちのコミュニティのメンバーは、あなたのコミュニティへの所属意識も低いかもしれません。それでOKなのです。

これからは、リーダーが旗を振らなければ動かないというタイプのコミュニティは育ちません。一人ひとりが動き、場合によっては一人ひとりが中心になっていくタイプのコミュニティが伸びていきます。

メンバー間のコミュニケーションがあるかウォッチする

これまでの話をつなげるとおわかりだと思いますが、多様化によってコミュニティの再編が起こっています。

コミュニティでは「おしゃべり」が行われ、メンバー間のコミュニケーションがあり、無形の価値を享受しています。共有されている話題があることは、非常に重要な要素です。

同じ考えの人たち、同じ趣味嗜好の人たちが集まると、メンバー間でもコミュニケーションするという現象が起こるわけです。これが起こらないとしたら、セグメントの切り方がおかしいということです。

古いセグメントの切り方で人を集めて、実態に即していない人工的なコミュニティをつくっている可能性が高い。実態に合ったものをつくれば、その話題で盛り上がるはずです。ですからコミュニティを運営するリーダーは、コミュニケーションが発生しているかどうかをウォッチする。

おしゃべりが起きていなかったら失敗しているわけですから、修正が必要です。無理やりしゃべらせるのではなく、自然とコミュニケートできるように調整します。

ある話題についてだったら、そのコミュニティのメンバーは、気分がちょっとハイになって、「もっと話したい」という気持ちになります。コミュニティ外の人と話すと「何それつまんない」と引かれたりしますが、その内部の人たちはその話題で盛り上がれる。

わかりやすい例は新興宗教です。その話題になると、そのメンバーは、気分がハイになり、しゃべりたくなります。しかし、僕は新興宗教型のコミュニティを推奨しているわけではありません。メンバーを固く縛りつけるのはおすすめしません。ただ、盛り上がるという現象は共通しています。

本書でおすすめしているコミュニティの形態がよくある宗教コミュニティと違うところは、リーダーが「これだ」と結論めいたことを言ってみんながうなずくというのではなく、コミュニケーションで盛り上がることをめざしている点です。各自が考えるかたちがよいのです。

環境が規定する個人の時代ではなく、個人が、自らの嗜好に応じて、環境を、コミュニティを選択する時代だからです。

１つのコミュニティのみに所属する、というよりは、服を着替えるように、そのときそのときで、関わりたいコミュニティを選択して関わっていく時代です。

一緒に研究して、一緒に学ぶリーダー

だから僕は本書でも、あまり結論を言っていません。「こうだよ」と押し付けすぎる感じになるからです。

「この話題について一緒に考える、一緒に学んでいく、一緒に研究していきましょう。僕もちょっと考えていることがあって、みんなで一緒にやっていけばわかりやすいですよね」というスタンスがいいんです。

それでありながらリーダーというポジションを考える。「一緒にやっていこうね」と率いていく、**「いい感じのコミュニティ」**をめざしています。

どういうことかというと、リーダーはみんなより先行しているから率いていけるのですが、一方的ではないということです。リーダーが一方的にみんなに情報を流したり、一方的に教えるという意味での「教育」ではありません。

ともに学んでいく、ともに進んでいくという感覚が大事です。

同じ方向を向いて進んでいるけれど、リーダーはちょっとだけ先を行っているから、「あなたがこっちに行くときに役に立てるよ、いつでも好きなときにどうぞ」というようなスタンスです。答えをもっている、結論をもっているという立場をとらない。

主観性の時代ですから、答えがガチガチに決まっているとつまらないんです。「答えがないから一緒にやっていこう」と言うと、各自が自分の思考など自主性を発揮できます。そういうコミュニティが「いい感じ」なんです。そこには自由な発信があるので、おしゃべりが生じるんです。

画一的に結論を与えるような「教育」では、おしゃべりは生じません。

ほぼ全員が完全に勘違いしている"ファン"の解釈

コミュニティにはファンがいますが、この「ファン」の概念を多くの人が誤解しています。

ファンづくりが大事だということはみんな把握していますが、「ファンって、なんなの?」という部分を、ほとんどの人が誤解しているため、失敗するのです。ファンの概念が間違っていると、「いい感じのコミュニティ」は実現できません。

ファンとは何かという認識が変わるだけで、ファンづくりが一気に容易になります。ですから、認識は本当に大事なんです。認識が間違っているためにファンづくりに失敗している例は、大量にあります。企業にもたくさんあります。

「**あなたのファンのことを、あなたが知っている**」というのが僕の言うファンの概念ですが、逆にとらえる人が多いのです。「あなたはファンのことを知らなくても、ファンはあなたのことを知っている」という関係は、僕が言うファンの概念とは違います。それをめざすとことごとく失敗します。

これはすごく簡単なミスですが、繰り返しているケースが本当に多い。おそらく芸能人などの活動を見て誤解しているのでしょう。

芸能人が芸能人であり続けるための秘訣

「ファン」というときに多くの人が思い浮かべるのが、芸能人（有名人）とファンという関係でしょう。それで、芸能人側はファンを知らないと思っている人が多いわけです。

でも違うんです。**芸能人も、コアメンバーのファンは把握しているん**です。ファンクラブの重要メンバーなどは非常によく知っています。家族構成も知っているし、ことあるごとに贈り物を届けたりしています。

たとえば、マイケル・ジャクソンはずっと世界を回っていたわけです。ライブをやっていない間もファンクラブや、病院や児童施設を回っていました。つまり、マイケルはそうしたいろいろな人のことを知っていた。政治家もそうですが、大量の人数のことを知っているのです。

政治家側が、ファン（＝支持者）のことを知っている。この向きを間違えてはいけません。「あなたは相手（ファン）のことを知らないのに、相手（ファン）はあなたのことを知っている」というファンをつくろうとしてはダメです。そうではなく、**あなたがファンのことを知っている**んです。

ここを間違えている人はすごく多い。重要なので何度も言いますが、「あなたがファンのことを知っている」んです。それがファンです。自分のことをよく知ってくれていると感じるから、相手があなたのファンになるんです。

たとえば、歌手でも、歌詞や表現がすぐれていると、会ったことがなくても、「ああ、この人は、私を理解してくれている」という実感が生じる。だからファンになるのです。そこには、あくまでも、「発信者側がファンを理解する」という方向性があります。

そして、そのような表現が生まれる背景には、表現者自身の人生があり、しかも、ファンと実際に会って、話し、過ごして、理解しているということがあります。

順番を間違えない。あなたが相手のことをよく知ることによって、その人があなたのファンになってくれる可能性が高まる。ここはすごく重要なポイントです。

コミュニティの中にファンがいる。コアメンバーがいる、スターメンバーがいることが大事なんです。

具体論というかテクニックを言うと、コミュニティ運営はファンがいることが大事。そして、ファンのことをあなたが知っていなければならない。しかし、コミュニティ全員のことを押さえる。これはかなり難しいことでしょう。

ですから人数は限られますが、結局、丁寧に付き合っていくしかありません。ファンもだんだん増やすしかない。そしてファンをつくるためには、人間関係に投資する必要があります。会いに行くだけでも、話すだけでもコストがかかります。

機械化の時代が進行すると、いろいろなものが機械に置き換えられていきます。将来的には、人間が見ても、全然機械とは感じられないような素晴らしい人型ロボットができるでしょう。しかししばらくの間は、「やっぱり人間とは違うね」という違和感は残ると思います。

機械化が進んで仕事はできるけれども、人間としての関係は、機械にはまだ構築できません。だから、ここを提供できる人は機械に置き換えられず、メカニゼーションの流れに巻き込まれないですむ。

人間関係をつくれる人は置き換えられません。機械は人間関係がつくれないからです。

人と関わらなければ時代の波に乗れない

コミュニティをつくる、ファンをつくるのは、置き換えから逃れる道です。機械ができない、人間としての関係の価値が高まります。

単なる機能の関係、職業だけの関係より、人間としての関係が必要だから、ファンやコミュニティが重要なのです。

デール・カーネギーの『人を動かす』（創元社）は名著ですが、そこに書いてあるようなことがますます大事になるわけです。この機械化の進展によって、さらに重要度が増します。

だから「人と関わりたくない」では、時代の波に乗って上に行くことができません。上に行きたいけれど、「どうしても人と関わりたくないです」という人は、コミュニティづくりを選ばないほうがいいでしょう。

僕も閉じこもり型ですが、今まで述べたような時代認識があって、好き勝手やって時代に乗りたいという欲もあるのです。あまり人と関わらず、１人で生きるようなタイプかもしれませんが、同時に僕は時代に乗りたい。

なので、人数を限って、コミュニケーションを深めるというかたちのコミュニティ運営を行っています。

コミュニティ運営が収入増につながるとは言っても、いきなり課金するとうまくいきません。先に人間関係の構築があるわけですが、人間としての関係を換金するのはダメです。人間関係を換金したら、絶対に関係が悪くなります。

人間関係というフィールドの中で単にお金の移動が起こる、ということにしなければいけません。人間関係は換金する場所ではなく、お金を使う場所です。

イメージとしては、もともと人間としての付き合いがあり、何か仕事が生じたときに、「じゃあ○○さんに頼もうか」という順番です。これは人間関係を換金しているのとは違い、本来、日本の社会においては自然なことでした。それがたとえば、スーパーなど大型店ができたことによって変わったわけです。

これがまた一巡して、**人間関係の時代に戻りつつあります。ですから、まず人間としての関係をつくる**ことを考えてください。

いきなり換金しようとしたり、儲けようとしたりしてもうまくいかないのは、人間関係の構築というステップを踏んでいないからです。人としての関係をつくれていないのに、いきなり売りつけるから、失敗する。まず、人間としての関係をつくることを考えてください。

コミュニティ運営は「刺激」と「見守り」がカギになる

コミュニティ運営でリーダーがやることをまとめると、2つです。

1つは**刺激を与える**こと。本書でも刺激をしています。「こういうことを考えてください」「こういうことをやってください」などは刺激を与えるために書いています。

もう1つは**見守る**こと。普段は放っておく、ということです。

リーダーがやることは、この「刺激」と「見守り」です。さらに、刺激する方法も見守り方もいろいろ考えられますが、まずはこの2つを意識してコミュニティを運営していく。

刺激も見守りも、適切なタイミングで行う。しょっちゅう刺激されていたらうるさいですし、いつまでも見守られていたら、放ったらかされているのかなんなのかわからなくなってしまいます。適切なタイミング、適切な頻度でやる、このさじ加減、適切な強度が大切です。

刺激も強すぎず、弱すぎず。見守るときも放っておきすぎない。適切なバランスが、これから伸びていくリーダー業、リーダーシップのポイントです。

第5章

コミュニティをつくる者が生き残る

「恋に落ちた瞬間」に似ているナンバー1

オンリー1とナンバー1は違います。誰しもはじめからオンリー1ですから、オンリー1なだけではナンバー120万かもしれません。世界に唯一だけど、順番を数えたら120万番目かもしれない。

オンリー1はたしかに唯一ですが、「ナンバー1をともなう唯一性を狙いましょう」というのが僕の考えです。唯一なだけでは足りませんが、それプラスナンバー1であるときに真の唯一性が生まれるということです。

ナンバー1をしっかり構築するために、唯一性を構築するというロジックです。好き勝手を追求した結果、唯一性が生じたとき、ナンバー1になる可能性が高まります。

戦って勝つナンバー1は、僕から見れば昔の概念です。**めざすのは、ライバルがい**

ない、戦わないナンバー1です。「戦わないけどナンバー1」のイメージができるでしょうか？

たとえば恋人をつくるとき、意識的にしろ無意識的にしろ、何人かの候補者に競争させることはあると思います。何人もの候補者のなかで「この人が一番！」という選び方です。

一方、はじめからナンバー1というケースもあります。一目ぼれがそうです。一目ぼれは競争で勝ち抜いたり、選択肢から選んだわけではありません。

「この人は私のナンバー1だ。私の唯一の人だ」という感情は、比較しなくても生じる感情です。つまり、主観の問題です。

比較された結果のナンバー1ではなく、はじめからナンバー1の位置を狙いましょう。

「ナンバー1」と思ってくれる人は1人いればいい

大勢の人からナンバー1と思ってもらう必要はありません。スタートはまず1人でいいんです。**あなたをナンバー1だと思ってくれる人をまず1人つくる。**「0」と「1」の差は非常に大きいのです。

好き勝手やりつつ、自分の好き勝手領域の中でナンバー1になるところを探っていく。好き勝手やるけれども、最終的にはもちろんマーケットとの整合性も考えるわけです。

でもスタートは好き勝手から入らないと、結局続きません。みんなのために、自分をいつまでも犠牲にできないからです。

結局、ナンバー1の種になるのは、自分の好き嫌い・自分勝手。

好き嫌いが先で、好き勝手をどんどんやって、それを世の中に投げていくうちに、だんだんナンバー1に行けそうなところが見えてくる、という順番です。

見えてきたら、さらにいろいろくっつけて構築していく、という流れでしょう。

コミュニティを構築しても、メンバーは最初は1人です。いきなり1万人、100万人ではありませんし、最終的にもあまり数を多くしなくていいんです。これからの時代は**10人、100人でも十分**です。

収入の話をするなら、10人でも問題はありません。関係が深いファンが集まるからです。たとえば歌手などは、すごく浅い関係のファンの人数が多いですが、逆を狙うということです。

たしかに芸能人などは浅いファンが多くいてもいいかもしれませんが、そういう浅いファンの価値は、これから低くなっていきます。浅いファンはお金を出さなくなっていくからです。

結局、「コアなファン」がいないとうまくいきませんから、深いファンをつくる。深い関係のコミュニティをつくる。そうすると客単価が上がりますし、生涯価値、お客さんがあなたに一生の間に払ってくれる金額が上がります。

薄利多売は難しい時代になりますから、こちらを考えたほうがいいです。

しっかり唯一性をつくってナンバー1を構築し、ビジョンを示して理想世界に近づけていき、刺激して見守っていくとコミュニティも活気に満ちてファンも増えます。

今示した概念で運営できて、そういうコンセプトに沿ったコミュニティになっていれば、価格競争にさらされずにすみ、単価が上がるわけです。

多様化の時代は、大人数を狙うのではなく、**ピッタリくる人が集まる**ことを狙う。だからまずは1人。相手のことをよく知り、徐々に増えていく一人ひとりを大切にすることです。

逆に、「なんか違う」人が来たら、切ってください。人数を重視するなら、誰でも来てくれたほうがいいですが、**これからのコミュニティ構築では、「質」や「深さ」が重要**だからです。

複利効果でじわじわ拡大する

コミュニティの拡大はじんわりやりましょう。基本的に、複利効果の強みは一気に増やすことではありません。複利を一気にバンバン高利で回すのはとても優秀な人で、一般的には低利でもいい。

1、2パーセントでも複利はすごく増えますから、それを皮算用にしないことです。利回りのパーセンテージを上げることではなく、複利効果を現実化させましょう。低利でも十分、複利効果の恩恵は受けられます。

特に、コミュニティや人間関係は複利が生じやすいわけです。一人ひとりとの関係をしっかり築けば、10年、20年、あるいは30年と継続します。**じっくりやれば確実に複利が起こる**んです。

広告費をかけて一気に大逆転を狙ったりしなくても、じわじわやるとコミュニティの人数が増えていきます。ちょっとずつちょっとずつ紹介がつながっていく。じっくり環境をつくっていくと複利効果が生じます。

紹介で増えていく場合でも、複利になる自然的な増加は、ゆっくりです。いきなり知り合いを大量に紹介するのは不自然でしょう。たまたま口コミで紹介されるなど、ゆっくり拡大していくのがポイントです。

一気な拡大を狙わない。緩やかな拡大でも複利効果があるから、心配はいりません。時間の経過とともにけっこう大きくなっていきますが、それほど大きくする必要もありませんし、もともとマスを狙っていないので極端な拡大は狙わず、少数派でいいんです。

たとえば、僕の本が好きでセミナーに参加してくれる人は、決して世の大多数ではありません。もともと僕は大多数に受け入れられることを狙っていませんし、国民の大多数に受けてお茶の間で話題になるなどとははじめから思っていません。本もはじめからミリオンセラーを狙って書いていません。

その代わりに、**少数の人が「大きな価値」を感じてくれるように**書いているのです。

じっくり、じわじわやると、じわじわ増えていく。繰り返しますが、重要なのは複利効果が消失しないように気をつけること。それが最重要です。

じわじわ増やすとき、囲い込みをしようとする人がいますが、それは逆効果です。従来のように、「人が流出しないように」と縛り付けて囲い込みをしたら、むしろ、複利効果が起こらなくなります。囲い込みは自由が拡大する時代に反します。

複利効果の消失を避ける方法は、囲い込みではありません。ではどうするのかというと、結局、一人ひとりを大事にして、じんわりやる。一見《いちげん》さんは、いなくなっていいのです。残ってくれる人を大切にする。そうすれば複利効果は消失しません。

一気にやるほうが早そうに見えるかもしれませんし、一時的に拡大するかもしれませんが、複利効果が生じないため、結局は大きくなりません。コミュニティの人数は50人、１００人でいいんです。

「お金を払いたい」気持ちがあふれる

なぜ人数が少なくていいのかというと、ある程度収入がある人は、いろいろ出てきている低収入ハッピー型の安い商品も買いますが、非常に気に入っている特定のものに対しては、お金を惜しまないからです。

気に入ってお金をかけるところ以外のものは、収入があっても安価なものでいい、という人は増えます。つまり、支出の配分先が変わってくるわけです。

物質に対する価値も価値観も下がってきますが、気に入っているものについては、逆にお金を出すので単価が上がる。つまり、**コミュニティ運営ができると、下落圧力ではなく上昇気流が生じる**んです。

コミュニティ運営ができていれば、キャッシュポイントはなんでもいいです。

たとえば、僕はセミナーを1つのキャッシュポイントにしているだけです。セミナーを売っているのではなく、すでにコミュニティ運営がなされていて、セミナーをキャッシュポイントとして使っている。セミナーでなくても、たとえば一緒に旅行するのでもいいですし、「活動援助費を寄付してください」と募っても集まると思います。

コミュニティ運営によってメンバーは先に価値を受け取っているわけですから、キャッシュポイントはなんでもいい。

コミュニティ運営をすることによって、「機会があったら、お金を払いたい」というレベルまで、先に価値を与えることです。

ただ現段階では、まだまだ、これまでの習慣が体に叩き込まれていますから、実際にお金を払う際、つまりキャッシュポイントは昔からあるタイプの商品にするほうがお金を払いやすいかもしれません。そこは買う側の意識に合わせましょう。

ファンに価値を貯蓄しておく

いつでもマネタイズできますから、すぐに売り上げを出そうとするのではなく、ナンバー1の確立とか、**コミュニティを構築することを優先**してください。ナンバー1を確立して、ファンに価値を先に与えることを考えましょう。キャッシュポイントは後回しでいい。これが「ゆとりがある経営」でもあるわけです。

キャッシュポイントを構築すれば売り上げが入ってくるとなると、経営にゆとりが生まれます。キャッシュ化しなければ税金もかかりません。

土地を持っていたら課税されますが、コミュニティには課税されません。もしかしたら将来的にはされるかもしれません。メールアドレスの数などに対して固定資産税みたいな課税が、いずれ行われても、不思議ではありません。

どんな業界でも、まだ税制が追いついていない領域に入れば、税率が低いことと同じですから、利益を出しやすいのは当然です。税制が追いつかない新しい領域は、税率的には有利になります。

いつでもマネタイズできるということは、貯金があるようなものです。だからこそ、マネタイズしきらないで貯まっているほうがいい。そのほうが、複利効果が持続しやすいからです。

マネタイズしきるということは、与えている価値分、すべてを換金しているということです。そうなると、参加している人たちからすれば、「受け取っている」感覚が薄くなります。「(なんらかの価値を) 受け取っている」分、お金を払っているとすれば、もらっている感覚は薄くなり、お金と交換に買っているだけのことになるからです。逆に、少なめにマネタイズすれば、「このコミュニティはお得だな」という感覚をつくることができるのです。

だんだんハマっていくコミュニティを構築する

複利効果を保ちたい、コミュニティを大きくしたい、人数を増やしたいと思う人は、ファンを「囲みたい欲求」が出ると思いますが、囲い込まずに手放す。自由にしてください。

先述したように、自由の時代に囲い込むのは時代錯誤ですから、うまくいきません。基本コンセプトは「**出入り自由**」です。あるいは、「出るのは自由だけれども、帰ってくるな」です。

囲い込んで、「逃さないぞ」ではなく、出入り自由でだんだんハマっていくような感じを考えてください。僕のセミナーや教材でも、参加者がだんだんハマっていくように構成を考えています。

僕はその流れを「**ファネルケイブモデル**」と呼んでいます。

入り口がファネル（漏斗《ろうと》）状になっていて、だんだん狭くなる。たとえば、無料情報を見る人はたくさんいますが、料金が発生すると無料で見ている人より少なくなります。低額から高額になるとさらに少なくなり、個別サービスなどを申し込む人となるとさらに人数が減ってきます。

その狭くなった入り口から奥に入ると、実は広いケイブ（洞窟）がある、というのがファネルケイブモデルです。ハマってもらうために、こういう構造をつくることです。入り口が狭くなっていくので、入り口からは奥が見えません。わざと隠すわけです。広い世界は隠して見せない。でも、そこを通った人は知っているというファネルケイブモデルは、これからの時代に合っています。

僕は「固定客」という概念を刷新したいんです。

昔から「固定客づくり」と言われていますが、固定という単語には、囲い込み的な感覚があります。それよりも「リピーター」という言い方のほうがいいでしょう。「リピートしたい」というのは、「固定」よりも主体的だからです。

コアメンバー、スターメンバー、コネクターを育成する

リピーターは、コミュニティの中ではコアメンバー、スターメンバーになっていきますが、「コアメンバーをつくる」は、コミュニティ運営の具体的なスキルの1つです。コアメンバーとは、コミットメントが高いメンバーのことです。

僕のセミナーに、毎回のように参加してくれる人、僕の本を毎回のように買ってくれる人がコアメンバーで、コミュニティの人数が少ないときにはコアメンバーの割合が高くなるわけです。人数が少ないときは100％コアメンバーかもしれません。コアメンバーが生まれることで、もっと浅いメンバーが集まってきます。

スターメンバーは、多くの人が憧れるメンバーのことで、「ああいうふうになりたいな」と、みんなに自己実現価値を与えられるメンバーです。

コアメンバー、スターメンバーをつくるのが、コミュニティ運営の定石です。コミュニティの草創期は1人。はじめは1人のファンづくりをめざしてから、コアメンバー、スターメンバーの育成を考える。

その次は、コネクターです。コネクターは、メンバー間の交流を促進したり、新しい人を連れてきてくれたりする人です。

ですから、従来の「固定客」という概念とは少し違います。「客」というと、毎回お金を払うみたいなイメージですが、キャッシュポイントはしょっちゅうなくていいのです。

コアメンバーがスタート。次に、スターメンバー。そして、コネクター。コミュニティを育てるときには、この順番を意識してみてください。

第 6 章

生き残るコミュニティづくりの方法

ともに歩み続ける「一生リピーター」をつくる

コミュニティメンバーの理想は、「**一生リピーター**」です。

単なるリピーターづくりをめざすのではなく、「一生リピーター」を考えてください。

コミュニティでともに歩み、ともに成長し、発展していくわけですから、基本的には、一生のリピーターをつくると考える。もちろん、コミュニティの全員がそうなるわけではありません。

事例を言うと、たとえば、映画などでも、シリーズものが増えています。さらに、関連するスピンオフがつくられたり、ドラマもつくられたりしています。

単発の作品よりも、「一生リピーター」を作りやすいからです。

「これからいったい、どうなるのだろう」という、わくわく感が継続すれば、リピートは継続します。

ここで大切なのが、「ストーリーへのわくわく感」だけでは、もはや弱いということです。あくまでも、視聴者の考え方や行動に変化が起こり、成長が起こる。そんな「一生リピーター」づくりを考える。パッと売って終わりの売り逃げとは違います。コミュニティの考え方を覚えていますか？　「じっくりじわじわ」です。基本的には一生のお付き合いを考えていきます。

囲い込まずに生涯の付き合いを考えるわけですが、「生涯」といっても重くならないようにしましょう。

「一生顧客でいてくださいね」「一生買い続けてください」という言い方が冗談みたいに通じる関係ならいいですが、真顔で言われたら重いですよね？　ですから生涯の関係をつくろうと思ったら、少なくとも最初から「一生」などと言わないほうがいいわけです。

関係が深くなってきたら、「生涯の付き合いになりそうだね」「そうだね」でいいと思いますが、初期に言ったら重くて引きます。

「生涯のお付き合い」「一生リピーター」と考えていても、そういうことは言わない。一般論としては言ってもいいですが、それでも重くならないように注意しましょう。

「お客様」と考えるより、生涯のコミュニティ、ともに歩む仲間をつくると考えてください。資本主義が発達していますから、仲間がいればそこにお金が流通するんです。

目の前の人を理解する〝ライフインタビュー〟

拡大したいからといってどんどん巨大にすると、倒れやすくなります。巨大化すると、変化の時代では対応が遅くなるからです。それよりも、地域密着でファンを増やすことを考えましょう。そのためには、とにかく人を「理解」することが大切だということをお伝えしました。

そして、その1つの方法が「**ライフインタビュー**」です。名前をつけると実行しやすいので、僕は、その人に人生を聞いていくことを「ライフインタビュー」と呼んで実践しています。

先日引っ越ししたときも、引っ越し屋さんにライフインタビューしてみました。いろいろ聞くと、初対面の引っ越し屋さんでも真面目に答えてくれるんです。「今ファッション系の仕事をしている女の子と同棲している。一生懸命働いてるけど、僕が頑張ってることを彼女はわかってくれない」と話してくれるので、僕が「女性は男性の頑張りをいっさい見ないで、男性が頑張った結果、女性に何をするかしか見ないから、頑張りはゼロカウントです」なんて答えると、「え、そうだったんですか」「そうですよ」――こんな感じに、いろいろライフインタビューを重ねるわけです。それは人間としての付き合いが大事だと思っているからです。

この引っ越し屋さんとの話で、事業の拡大の話題が出ました。

旧来型の拡大法は、売り上げを上げたければ、たとえば全国展開して、支店を増やします。それは今でも有効ですが、固定費が上がるので倒れやすい形です。じゃあどうするかというと、これからは地域密着でファンを増やす、という拡大の仕方をすればいい。

――そんなことを引っ越し屋さんに話したら、「うちの社長も同じようなことを言ってます」と言われました。

地域密着で、「その人の家のことはよく知っている」という人数を増やしていく。「○○さん家は今こういう状況」「△△さん家はこんな状況」ということを把握していくのです。そうしてファンが増えると、やれることがいろいろ出てきます。

たとえば引っ越し屋さんだったら、やれることは引っ越し以外にもいろいろあるでしょう。もしかしたらクリーニングの仕事も受けられるかもしれませんし、引っ越しは一回だけでも、そのあとの清掃の仕事を定期的にできれば、定期購入が発生します。

そうすると拡販できるわけです。地域的に広げていくのではなく、同じ地域で重層的に売っていくわけです。それによって単価が上がる。そういうことを考えてほしいんです。

だから、職種を限定できなくなるわけです。引っ越し&クリーニング&清掃など、いろいろなことをやると、職種が何かわからなくなるでしょう。引っ越しはきっかけにすぎません。

それこそ、家庭に売れるものは無限にあるわけですから、職種にとらわれないモデルを考えるということです。


ネット書店という印象の強かったＡｍａｚｏｎも、もはや書店ではありません。自動車も買えますし、家のリフォームなども売っています。Ａｍａｚｏｎははじめからそういう経営計画で、本はきっかけにすぎないのです。

実はＡｍａｚｏｎの目的にもコミュニティづくりがあったのですが、それほどうまくいっていません。つまり、けっこう大きい企業でもコミュニティ構築がうまくいっていないのです。

ですから、**コミュニティマネージャー的な職種やコンサルティングの需要がある**はずです。コンサルティングを受けたい人はたくさんいますから、本書で言っているようなコンセプトのコミュニティづくりが具体的にアドバイスできて、どこかで実績を出せば、いろいろな企業の役に立てるはずです。

バーチャル世界での「地域密着」とは？

大きな方針としては、地域密着をめざす。「地域密着」という概念も、従来型の地理的な地域密着だけではなく、バーチャルエリアまで拡張して考えてください。これからの拡大路線は、これまでの地域拡大とは違うのです。

ネットなどを介して、バーチャルな地域がどんどん生じているわけです。僕が言う「地域」とは、少し新しい概念です。地域というのは、人が集まるところです。ホームページのことではなく、つながっていれば「地域」です。人と人がやりとりをしていれば、そこはもう地域です。

つまり、**情報が行き来するのであれば地域**です。その中で、バーチャルエリアを含んだ地域密着型のことを行う。その密着した地域の中でファンを増やし、そこでいろいろ売っていく。

しかしなんでも売り込めばいいということではありません。相手のことをよく知って、求められているものを提供しなければいけません。

僕も、「投資スクール」「スケジューリングセミナー」「記憶法」「勉強法」「読書法」「ビジネスコンサル」「無意識領域の再構造化」「AdSense サイト構築」「アプリケーション販売」「宗教」などいろいろやっていますが、すべて地域密着型です。

いろいろ売っているように見えますが、共通している部分があるんです。わざと言わないようにしていますが、僕はセグメントを切っています。

いろいろなことをバラバラにやっているわけではなく、これは10年前から設計されていることなのです。

みなさんにも、狙ってやってほしいです。時代の変化に対応するためには、ネット上にある地域の地域密着をめざす。こういう流れは、見えていない人には全然見えていません。バーチャルな地域密着型でファンをつくり、そこに重層的に売っていくんです。

いわゆる地上以外の場所が発生し、実際にそこで商取引が行われているわけです。

そこは不動産価格のように評価額はまだついていませんから、そういう意味では非常に「おいしい」のです。

生み出すであろう利益の値段がついていないわけですから、ネットを介して儲けている人がたくさんいるのです。

バーチャルエリアの不動産王になる！

今のバーチャルエリアは、昔の開発前の土地みたいなものです。過去の日本では、まだ私鉄などが通る前に山林をゲットし、そこに私鉄を通して住宅街をつくって、非常に安く仕入れた土地が高く売れたわけです。

土地の価格が上がったあとでも、そこに人が住み、生活をして、鉄道を使うから、もっとお金が落ちるということが起こったわけです。

ネット上では、まだ開発前の山林みたいなところが大量に残っているんです。

マネタイズされた領域は、すでに開発された領域です。不動産で開発可能な地域を見抜いて稼ぐのと同じことを、バーチャルエリアでやるということです。

そこにはいろいろな宝が眠っていますが、バーチャルなので見えない人には全然見えません。だから、バーチャルエリアの目利きの不動産鑑定士みたいな人になる。

こういう視点をもっているだけで、見えやすくなるのです。

〝瞬間移動〟を習得した顧客たち

バーチャルエリアは、従来の地理的な場所に比べて移動のコストが圧倒的に低いです。従来の地理的な場所は、電車を使ったり飛行機に乗ったり、タクシーを使うなど、移動するコストがそこそこ高い。一方、ネット上のバーチャルエリアの移動は非常に簡単かつコストがほぼ0なのです。

クリックしたり、タブを変えたりしたら移動できるのですから、すごく早いです。実際の店舗でいえば、顧客がワープしてくるようなものです。あえて表現するなら「さっきまでそこにいたので声をかけようとしたら、もう北海道の店に行ってしまった」といった感覚でしょうか。

「自分のサイトに来たな」と思ったら、1秒後にはもういない。はるか遠くのサイトに行って買い物をしている。ネット上では、この「顧客がワープする」というのは、日常的に起きていることです。

バーチャルでは移動コストが圧倒的に低いですから、お客はピュンピュンいなくなります。だから囲い込みを考えてもしょうがないんです。圧倒的に移動の自由のほうが強いですから、人が集まる方法を考えないといけないわけです。

囲い込んで閉じ込めるから人が残る、というやり方では勝負になりません。出入り自由でも人が残る方法を考えましょう。

移動のコストがとんでもなく低いバーチャルエリアでは、魅力がなかったり苦しかったりしたら、あっという間に人はいなくなります。逆に、魅力があれば圧倒的に人が集まって一人勝ちになる。

ＹｏｕＴｕｂｅで、たまたま火がついた動画が１００万回再生を突破するというケースがありますが、そうなるかどうかは、微妙な差なんです。だけど、結果的には、すごい差がつく。これも2極化です。

微妙な差が、大きな差を生んでしまう。圧倒的に移動が自由だから、「微妙にょい」だけでも、人はそちらを選びます。だからこそ、ものすごく差がついてしまうわけです。

「微妙な差」だからこそ、わかりにくいですが、「背景に、移動の自由がある」という概念をもっていることで、もっと上手にできるようになります。

囲い込みではなく、**継続接触してもらう策、思い出してもらうための策**を考える必要があるのです。

偶然をデザインする

そこで重要になってくるのが、「**偶然をデザインする**」ということです。

セミナーもそうです。たまたま隣になった人と話すことも偶然です。偶然が起こりやすい環境をデザインする。セミナー中に近隣の人と何かワークをするなど、偶然が起こりやすいようにデザインしてあげる。これが大事です。

また、リアルタイムに質問を受け付けたりするのも偶然性の活用で、事前には、どのような質問がくるかはわかりませんから、そこから発想が広がり、思いもよらぬ方向に連想が広がったりもします。

そうすることで、事前にすべて準備されているセミナーよりも、豊かな内容を提供できるわけです。

この「偶然性」をうまく取り入れていかないと、窮屈なコミュニティになってしまいます。案内板みたいに①、②、③と順番にやるだけだと、不自由な感じになりますよね。

自由な時代ですから、人はあっちを見たり、こっちを見たり自由にふらふらしたいのです。だから、「あ、こんなところにこんなものがあったんだ」という偶然性があるほうがいいんです。

僕の教材が全部整理されていないのも、偶然があるようにしているからです。いろいろ検索したり、いろいろ調べたときに、「あ、こんな教材も実は出していたのか」と思われるほうがいい。いろいろな偶然が起こるように、僕もデザインしています。

ビジネスにおいても、「吉永さんは自分でできるのに、なぜ人を入れるのですか？」と聞かれることがあります。これも、「やってもらう」ことによる拘束時間の減少を考えているだけではありません。

偶然性により、新たなアイデアが生まれたり、新たな発展が起こることを期待しているのです。

友達の部屋に行くと、思いもよらぬものが置いてあったりして楽しい。これも偶然性です。

複合型書店のヴィレッジヴァンガードも、ある商品の隣に思いもよらぬ商品が置いてあったりしますが、これも偶然をデザインしているんです。

偶然をデザインするというのは、いろいろ使えます。みなさんも、**偶然が生み出す価値**を重視してください。

〝偶然の刺激〟がほしい人たち

インターネットも、そもそも偶然をデザインしています。ハイパーリンクで関連性があるものに飛んだりしますが、けっこう関係がなさそうなものが来るときも多いでしょう。Ｇｏｏｇｌｅ検索などでも、予想外の知識に出会えて、知見が広がった経験はありませんか。ＹｏｕＴｕｂｅの関連動画でもあまり関連していない動画が出てきたりします。

あれは性能を高めすぎないほうがいいんです。意外なものがあるほうが面白いからです。

書籍の横断検索が普及するのはまだこれからですが、これによっても、書籍の価値は大きく高まり、偶然の出会いが増えるでしょう。

だからみなさんもぜひ、偶然を入れ込んでください。そういう設計をしたほうが楽しいですし、みんなが自由を感じることができます。

偶然にやると喜んでくれる人が一定数いるわけです。もうみんな、つまらないことには飽き飽きしています。ハプニング続きの時代であれば安定を求める人が多いですが、今は刺激が少ない安定期です。ですから、**人は刺激を求めていて、偶然のデザインが大事になる**わけです。

偶然が予想外の楽しみを生みますが、偶然には「出会い」や「初めて」が関わっている場合が多いでしょう。

偶然の背後に必然性を感じさせるストーリーがあってもいいですが、これは決して必須というわけではありません。人は理由を求めたい気持ちもあるので、本当に偶然だったけど、あとからそれが必然性だったたと感じるようなストーリーを後付してもいいでしょう。

男女の出会いでも、「私たちの出会いは必然だった」と思いたがるところがあります。偶然だったけど必然と思いたい気持ちが人にはありますから、そういう欲求を満たしてあげると、価値が生まれることがあります。

こういう話をいろいろ組み合わせることで、ビジネスをどうデザインすればいいのか、コミュニティをどう運営すればいいのかを感じ取ってください。

コミュニティを形成するときも、新しい人と出会います。初めての人と出会う、その初期接触の方法が大事になってきます。初期接触の方法がうまくいかないと、ストーリーは始まりません。

まず何事も段階的に、入り口からいくわけですが、コミュニティで一人ひとりとの初めの出会いのタイミングがあります。

ですからここで、初期接触の話について説明したいと思います。

上手に使えば人生がうまく行く〝ＡＭＳフォーミュラ〟

これまで僕は「ＡＭＳ」というタイトルの教材をつくっていましたが、その意味は、これまで話していません。実は、「ＡＭＳ」は、「Attract」「Melt the Heart」「Stimulate」の頭文字で、初期接触のフォーミュラ（方法と順番を示した公式）のことです。

【ＡＭＳフォーミュラ】
Attract……注意を惹く、魅了する
Melt the Heart……心を溶かす
Stimulate……刺激する

Melt the Heart は不安を和らげたり、恐れを和らげたり、心を温かくするパートですが、いきなりMから入るより、Attractから入らないと話は始まりません。

「いい人」と言われるものの、人生がうまくいかない人は、Mから入っているからです。M↓Aでやろうとする。いい人だから心を溶かし、それから惹きつけようとする——この順序では、ほとんどの人に対してうまくいきません。

まずは注意を惹きつけてください。それから不安を溶かすほうがいい。そして不安が溶けてから刺激する。人間関係が下手な人は、とにかくこのフォーミュラに沿っていないんです。

たとえばA↓Sもうまくいきません。惹きつけていきなり刺激する。欲を刺激して売り込もうとする。これはMが抜けているからうまくいかないわけです。惹きつけて不安を溶かし、心のつながりをつくってから刺激する。

Aから入ってMで止まっても、刺激しないと「いい人」で終わってしまいます。あくまでもAMSフォーミュラでいきましょう。

刺激して決断にもっていくのが、Stimulateフェーズです。購買決定の直前に刺激をするということです。しかしその前に、やはりAとMを通過することが大事です。

Attractの「惹きつけ」がないと、そもそも無視されるか、無関心で終わりです。惹きつけて「怪しい」「不安だ」というところから入るので、心を溶かさなければいけません。

心が溶けてきたら刺激する。刺激することで決断にもっていきます。人間関係をうまくいかせるには、A・M・Sの組み立てが大事で、この順番が大切です。

3つの刺激から「決断」を刺激する

人間が決断するとき、特に重要な要素は3つあります。「**見た目**」「**音**」「**雰囲気**」です。この3つで刺激を行いましょう。

僕はセミナー会場を選ぶときは、見た目でも選んでいます。見た目で感じるものがあるからです。

音も大事です。僕はあまりやりませんが、決断するときに音楽を使うお店やセミナーも多いですよね。バックグラウンドミュージックに雰囲気がある音楽を流したり、ノリのよい音楽を流したりする。教会なども、音楽を上手に使っていることが多いです。当然、話す声、声色も非常に重要です。

雰囲気とは、「楽しそうだな」「わくわくするな」など、「なんか雰囲気いいね」の「なんか」の部分です。

決断のときには、この3つが重要です。

この環境を準備したうえで、内容的にさらに刺激を入れていく、と考えてください。**見た目・音・雰囲気の3要素の環境**が構築できていないと、内容だけで刺激してもうまくいきません。

雰囲気のある、見た目も音もいい感じの環境を準備してから刺激して、決断にもっていく。誰かに決断してもらいたいときには、これを心がけてください。

全部を入れ込めないときもたしかにあります。セールスレターでも、見た目や雰囲気は出せますが、音がないセールスレターもよくあります。それでも、音声のデモフアイルや動画で音も入れ込むなど、工夫しながらぜひ応用してください。

Sが効果を発揮するためにも、AとMをしっかりやる。きちんとフォーミュラ通りに段階を踏めば、いろいろなことに応用できます。

スタートは、「ちょっと怪しい」「怖い」がいい

Aの Attract する段階で技法として覚えておいてほしいのは、「**ネガティブインプレッション**」という技術です。

はじめからいい人っぽい感じで入る「ポジティブインプレッション」は短期的な関係に向いていると言われています。お店の店員さんなどへの対応はポジティブインプレッションがいい。お互いに気持ちよく付き合えます。

一方、**ネガティブインプレッションは短期的な関係には難しいですが、長期的な関**

係を築きたいときには効果があります。

初期接触は、ポジティブインプレッションで入るやり方と、ネガティブインプレッションで入るやり方を使い分けてください。

ネガティブインプレッションは、少女マンガでよくあるパターンです。主人公の女の子がいずれ付き合う男子との偶然の出会いの場面においては、たいてい「何、こいつ！」というネガティブインプレッションが多くないですか？「何この男、生意気」「気に入らない」「でもちょっと気になる」みたいな。

次に「意外と優しいとこあるじゃん」的なMのエピソードがあり、そのうち偶然性を装ったり、伴ったりするS、たまたまアクシデントでキスするなどの刺激を与えられてしまうといった展開です。

少女マンガもよく見ると、ストーリー構築でAMSフォーミュラを使っていることが多いのです。このように、あちこちで使われている構造ですから、こうした視点をもっているといろいろ気づけると思います。

身の回り、あるいは自分自身の人間関係でもけっこう多いのではないでしょうか。

長く続いている友人は、スタート時点ではネガティブインプレッションだった人が多くないですか？

実は人間の性質として、長期的な関係を築くときにはネガティブインプレッションから入る場合が多いのです。男同士でも、初対面で大げんかしたあとで、親友になったりします。

ですから、こういう知識をもっている人は、長期的関係をつくりたいときに最初は意図的にネガティブインプレッションで入ったりもします。

逆に「いい人」から入ると、関係が非常に短期で終わりやすいです。これからの時代は、「一生リピーター」をめざすわけですから、長期的な関係がいいわけです。そのためにも、ネガティブインプレッションは上手に使えるほうがいいでしょう。ただしこれは多くの人の常識の逆を行っているので、気をつけないといけません。

僕も意図的にネット上の露出を「怪しく」しています。ですから「正直、はじめは怪しい人かと思いました」という感想を非常にたくさんいただきますが、これは意図的にデザインしています。

スタートは、「ちょっと怪しい」とか「怖い」がいいんです。次にその疑念を溶かしていく。初期接触は怖いけど、「実は怖くないよ。大丈夫だよ。いい人だよ」というのはMelt the Heartです。僕自身も意図的に怪しくしているから、全部を出していません。「東大出身」と言っても証拠は出さない。家庭教師で教えているシーンも出さない。

怪しいから疑っている人がいっぱいいます。「本当に東大に行ったのかな」「家庭教師なんてそもそも本当にやってんのかな」。投資スクールでも「本当に投資で成功してるのかな」と思われる。そのほうがいいんです。

そのほうがいいですが、それで終わったらただの怪しい人ですから、Aの次はMのやり方も考えないといけないわけです。実は、僕自身のコミュニティの初期接触部分も、これらの方法を使いました。

コミュニケーションの肝その①「正しい内容」より「響くコミュニケーション」

これからの時代のコミュニケーションの肝は、極端に言えば「**間違っていてもいいから響けばいい**」です。

客観性より主観性の時代では、正しい話でも響かなかったらダメなんです。正しければいい時代はもうとっくに過ぎ去っています。主観性の時代のコミュニケーションは、響かないと意味がありません。

ですから、どう響かせるかを考えるわけです。そのときに大事になってくるのが、先述した「見た目」「音」「雰囲気」です。正しいかどうかよりも、こういう要素が意味をもつようになってきています。

間違っていても響く人に、人はついていきます。自分重視で、主観的な価値に基づいて動く人がどんどん増えているからです。「だって私はそう感じるんだもん」で十分だからです。

誰かを動かすとき、「あなたは間違っている、正しいのはこっちだ」と言っても動きません。その人に響く話をしないと動かないのですから、響かせ方を考えましょう。

正しいかどうかは客観性で、みんなが認める価値みたいなものですから、個人の好き嫌いが重要になる世界では意味がありません。いうなれば、**客観という「物質」より、主観という「非物質性」が大事**な時代。そんな時代のコミュニケーションは、響くか響かないかですから、響かせる力をぜひ伸ばしてください。

響かせるためには内容の正しさより、見た目や声や雰囲気が重要だったりするわけです。芸能人を見ればわかりやすいかもしれません。やっていることは、もう見た目と声と雰囲気だけです。見た目と声と雰囲気がよければ内容が空っぽでも響くわけです。そういう時代なんです。

たとえ、内容が間違っていたとしても響かせるにはどうしたらいいかを、ぜひ考えてください。

と言いつつ僕は個人的には、内容にものすごくこだわりたい性格なので、何かを提供するときには、見た目と声と雰囲気に考慮しつつも、内容も相当気にします。それでも、「正確さが減少する」程度であれば、正しさよりも、響くかどうかを優先することも多いです（内容が「間違っている」とまでなると抵抗がありますが）。

これはリーダーの重要な能力です。**心に響くコミュニケーション**ができる。だからどうすれば響くかをよく考える。相手の主観的な価値観に触れるかどうか。「なんか好き」「なんかいい」と思ってもらえるかどうかです。

本書ではデータをあまり出していませんが、データが響く人もいます。しかしそれはもはや少数派です。「なんかこう思う」「なんかいい感じ」という主観的なものの比重がどんどん増えています。

コミュニケーションの肝その②
突っ込みどころがあるほうがいい

コミュニケーションでは、**「突っ込みどころ」があるほうがいい**です。客観性のあるデータをバシッと出して、「だからこうじゃないか」と証明されてもつまらない。というより、むしろ雰囲気が悪くなりますから、突っ込みどころがあるほうがいい。

僕がネット上に出している話も、意図的に突っ込みどころを入れています。怪しさや突っ込みどころがあることを、あえて入れ込むほうがいいです。突っ込みどころがないと関わりようがなくなってしまうからです。

突っ込むところがないと、「あー、そうですね」と言うしかありません。「なんかそれここがおかしいんじゃないの」「いやいやいや、そりゃないでしょ」と突っ込まれることがあるほうがいい。

たとえば、あやしいところ、ちょっと間違っているところ、おかしいところ、地元の人は知っているところ、アドバイスしたくなるところ。こういうところは突っ込みどころになりやすいです。

ぜひ、突っ込みどころをつくってください。向こうが突っ込んでくるかはわかりませんが、突っ込みどころを準備してあげるほうが親切なのが、今の「いい感じのコミュニケーション」です。

完全無欠ではつまりませんし、親しみも湧きません。突っ込みどころがあるほうが人が興味をもってくれ、喜んでくれ、関わってくれてやりとりが発生するんです。

突っ込みどころがあるから関われるし、参加できる――コミュニティを形成する際にも、ぜひこのことを意識してください。

第7章

5つのマネジメント力で生き延びろ

2 極化時代に必要な勉強領域・5つのマネジメント

変化が激しいこれからの時代にナンバー1を構築するためには、勉強して自分自身のスキルを進化させ続ける必要があります。アップデートが頻繁に必要になりますから、**勉強法が大事**なんです。

僕の1冊目の著書が勉強法だったのは、そうした理由です。勉強法を押さえておかないと勉強のコストが高くなり、キャッチアップが難しくなるからです。新しい知識に追いつくためには、勉強法のスキルは重要です。

ここでいう勉強法は、よく言われている勉強法というより、**進化法**、**向上法**と言えるものです。

自己成長してナンバー1を構築し、みんながついて来る価値あるリーダーになるために、勉強する領域があります。

勉強する領域としては、5つのマネジメントを考えてください。

❶時間のマネジメント
❷人間のマネジメント
❸仕事のマネジメント
❹出来事のマネジメント
❺お金・資産のマネジメント

この5つの能力を身につける。これはコントロール能力を伸ばすということです。これからの時代は、コントロールできない不確実性が強いため、この5つの要素のマネジメント力を強くした人がサバイバルで有利になります。

時間を上手にマネジメントできているか、人間を上手にマネジメントできているか、仕事のマネジメントはどうか。また、不意のアクシデントなどが起きたときの出来事のマネジメント、お金・資産をどう使うかといったお金のマネジメント。

放っておいたら思い通りにならない領域には、マネジメントが必要です。放っておいたら思い通りにいかないのが、この5つということです。暴れ馬みたいなこの5つをマネジメントする力をつけましょう。

マネジメントとは、「不確実性があるものを上手に枠内に収めて、望む方向にもっていくこと」ととらえてください。この5つの領域について、マネジメント力を伸ばしていけば、時代にあったスキルを身につけることができるはずです。

これは個性に関係なく、多くの人が身につけたほうがいいでしょう。共通する時代性の中で、みんなが学んだほうがいい領域です。

マネジメントのコツは〝枠づくり〟

マネジメントのコツは、枠を上手につくることです。不確実性があるためピタッと収めるのは難しいので、多少の自由度はあるものの、枠をつくる。**適切な関係や適切なルールをつくる**のがマネジメントのコツです。

不確実性が高いからこそ、マネジメントの必要性が生じるわけです。したがって、マネジメントのコツとは、マネジメントする対象をとりまく環境やルールをつくることです。対象を直接扱わないのがコツです。

人間をマネジメントするときも、直接動かそうとしない。環境やルールのほうに手をつける。時間もお金も仕事も同じです。間接的に扱うスキルを身につけましょう。

枠やルールにもいろいろありますが、不確実性が高いものを扱うときにまず重要なのが、リスク管理という枠です。リスクにきちんとリミットをかけ、限定してマネジメントを行う——こういう問題意識をもってください。

たとえば予定の時間を超えてしまう。僕のセミナーにありがちですが、予定の時間になっても始めない、終わらない。こうした不確実性があるからこそマネジメントが必要なわけです。

人間マネジメントのコツは〝環境構築〟

人間も不確実性が高いです。人間マネジメントのコツも、周辺からやることです。人間のマネジメントを細分化すれば、自分と他人の両方があります。

自分のマネジメント。自分が自分の思い通りに動かないことはよくあるでしょう。それも直接動かそうとしないほうがいいです。環境をつくることをまず考えてください。

自分をある環境に入れることで、自分自身をマネジメントしやすくするという工夫の1つです。意志力に頼りすぎないで、環境で上手に自分自身を誘導してください。

他人のマネジメントのコツも、「環境構築」です。会社に出社する、というのも環境構築といえます。家でもできそうな仕事だとしても、家だとサボるかもしれません。

それでも、出社したらできたりします。

学校の勉強だって家でやってもいいと思いますが、家にいたら勉強しないでテレビを見たりゲームをしたりするかもしれない。勉強しないのであれば、勉強する環境に自分を放り込む。つまらない授業かもしれないけれど、学校に行ったほうがまだ勉強する――これが**環境の力**です。

どちらもやる気のマネジメントが重要ではありますが、それより大事な、もっと上流にあるのが、**環境のコントロール**です。その次に、やる気のマネジメントという順番です。

環境を変えるだけで実行しやすくなるかもしれないのに、環境を無視してやる気を出そうとしても不毛です。

自分のやる気をどうやって刺激するか、他人のやる気をどうやって刺激するかを考えると、**環境のコントロールをした上でやる気のマネジメントをするほうが効果的**です。

人間のマネジメントは本当に重要です。仕事も家庭も、自分と他人からできているからです。自分の仕事、自分の家庭――仕事も家庭も大事だと思いますが、どちらも自分と他人からできています。

仕事のマネジメントも、結局、時間のマネジメント、出来事のマネジメント、お金のマネジメント、人のマネジメントから構成されるわけです。

5つの分野と言いましたが、仕事も家庭も、実は人間のマネジメントが非常に重要なのです。もちろんその中にお金のマネジメントも入ってきますが、基本は人間のマネジメント。これが非常に重要です。

自分をどう動かすか、他人をどう動かすかを日々考えることが、コミュニティ運営の力を伸ばしていくことにもなります。コミュニティは人間がつくるものだからです。

肉体・知性・感情・スキルのマネジメントをする

「自分」というのも、さらに分けられます。肉体・知性・感情・スキル――それぞれをマネジメントしていくわけです。

自分の肉体をマネジメントする。知性をマネジメントする。感情をマネジメントする。スキルをマネジメントする。それによって、自分というものをマネジメントしていくことができます。他人についてもそうですが、特に自分についてはより細分化してください。

自分自身を細分化して向上させていくと、他人に対してもバランスをもってマネジメントしやすくなります。

コミュニティ運営は、まさに人間のマネジメントそのものです。**コミュニティ運営**

では、人間を理解する力が非常に重要だからです。ぜひ、人間について詳しくなってください。

前章でAMSフォーミュラやネガティブインプレッションの話をしましたが、これらは人間心理の理解を助けます。人間理解はますます重視されていく分野でしょう。

人間を深く理解している人は、機械に置き換えられにくいです。専門知識は置き換えられやすいですが、機械はまだまだ人間理解ができないですから、しばらくの時間の猶予はあるはずです。

ほぼ確実に機械化が遅れる分野ですから（すごい技術革新が起きたりするので「ほぼ」と入れざるを得ませんが）、人間理解のスキルを身につけておくと置き換えられにくいでしょう。

人間のマネジメントや「**人に好かれる力**」には、高度なスキルが必要です。人間は複雑で有機的な存在ですから、高度なスキルがいるわけです。

人間関係の高度なスキルが必要な領域は、グローバリゼーションが進んでも、メカニゼーションが進んでも、置き換えられない可能性が高いのです。

メカニゼーションの波を回避する〝人間理解〟

関係を深くしていき、コミュニティを運営できる能力をもつ人は希少価値があります。

「刺激する」「見守る」のタイミングなどは、まだまだコンピュータではできないでしょう。

コミュニティをもつと置き換えられないため、グローバリゼーション、メカニゼーションの波を避けることができるわけです。

本書で話したような形で構築されたコミュニティは、「参加費がもっと安いコミュニティがあるからあっちに行こう」とはなりません。

やすやすと置き換えられないコミュニティづくりができていれば、グローバリゼーションの波も、メカニゼーションの波も避けることができます。

だから僕は競争戦略をとらないんです。唯一になれば比較されないため、差別化しなくていいわけです。

差別化は競争戦略です。差別化戦略では、比較検討されて選ばれることを狙うわけです。お客の選考プロセスで勝つことを狙う。たとえばコンピュータを買うとき、いろいろ候補があるなかから選ばれる要因をつくろうとするのが差別化です。競争があるから差別化するわけです。

でも競争はしんどいですから、僕は競争戦略は取らない。**競争に巻き込まれない工夫を一生懸命積み重ねる**ということです。

自由化の進展によって、競争は今後ますます熾烈になっていきます。競争大好きな人は、それが個性ですから挑戦すればいいですが、多くの人にすすめられるアプローチとは思いません。いかに競争に入りこまないかを考えてください。

歴史からコミュニティを考える

今の時代をとらえるために、歴史をざっくりとおさらいしてみます。

歴史を振り返ると、生産者が強い時代がありました。戦後の食料がない時代は食べ物をつくれる農家が強かったわけです。僕も実体験がないので歴史の本で読んだだけですが、農家の力は非常に強かったと言われています。

物が少ない時代は物を持っている製造者が強かった。だんだん物があふれてきたら、営業の力が強くなりました。つくることができても物が余ってしまうので、売る力が強いところが伸びました。

営業の力が伸びてきた次は、広告の時代が来ました。広告代理店が伸びる時代が来たわけです。今は広告が効かなくなったと言われていて、口コミが力をもつ時代に入りました。

日本の戦後の流れは、ざっくりですがこのような変遷をしてきました。

こういう流れの中で、コミュニティをとらえてください。広告が機能しなくなり、コミュニティが力をもつんです。だから本書で「コミュニティを形成できる人が力をもつ」と言っているわけです。そんな時代にすでに入っています。


広告はますます機能しなくなり、コミュニティをもっている人の力がさらに増えるでしょう。複利がはたらくからです。ただし、じっくりやること。じっくりやらないと本書で言っている意味のコミュニティは育ちません。

促成栽培ができないからこそ、守られるわけです。促成栽培できるなら、あとから来た人にすぐかっさらわれちゃいます。

促成栽培できないからこそ、早めに取り組んで蓄積している人に唯一性が生まれるわけです。

ファンは個別に育てる

他人マネジメントを考えるとき、**①コミュニティ**、**②ファン**、**③チーム**、**④ファミリー**、**⑤フレンド**といった切り分けをしておくとやりやすいでしょう。

コミュニティやファンについてはお話ししましたが、チームは仕事の仲間を意識しています。自分と他人のマネジメントをしてチームをどう動かすか。ファミリーは家族です。

このくらいの領域を抑えておくとやりやすいです。コミュニティをもっている。ファンをもっている。チームをもっている。ファミリーをもっている。あともちろんフレンド（友人）もいます。それぞれが他人マネジメントなわけです。

コミュニティ内のファンには個別対応が重要で、あなたがファンのことを知っていることが大事、と言いましたが、個別対応しないと相手のことはわかりません。

ファンには個別対応が重要で、育てる際も1人ずつが原則です。個別対応は課金するときも高く課金しやすいと言われていますし、実際その通りでしょう。

僕のスクールでも、個別対応のほうが高いです。家庭教師も、教壇で教えるより高い。個別対応は価格が高いですが、そもそもコミュニティやファンができていて、そこに価値が出ているため、価格的に高いとは思われにくいのです。

育てる際には1人ずつが原則というのは、いっぺんに育てるのが難しいからです。セミナーなどはある程度の人数でも大丈夫ですが、細かく親身に見ていくことは、大人数だとできません。

いっぺんに育てようとしても、うまくいかないと思います。ある程度の人数に発信して、その中で特に熱意がある人、特に見込みがありそうな人を時期ごとに何人か選んで、集中的に育てるのが、スターメンバーのつくり方です。

ここを押さえればファンはお金を振り込んでくれる

人は、自分を向上、進化させることにお金を払うようになってきています。情報ではなく、自分が進化することに価値があるんです。

ですから、あなたが提供するべきものは情報ではなく、進化や変化です。正確に言うと、みんな自分自身に価値を感じていますから、自分が向上するようなことに価値を感じるわけです。

単に情報を提供するだけでは足りません。**よい変化が起こらないと価値がない**のです。

自分が大事ですから、自分を大切にしてもらえることにもお金を払います。個別対応がそうです。「大事にしてもらえる」というところに、お金を使いたい。**自分を大**

事にしてくれることに価値を感じるからです。

ただしこれにはもう1つ、「安いほうに人が動く」という流れもたしかにあるんです。接客がいい加減でも、安い店に行くという流れです。大事に扱ってくれるより安くしてくれたほうがいい、という人たちはそこに流れます。安価な価格帯は価格競争のゾーンですから、粗雑でも、もっと安いほうに人が行く。

一方、個別対応が効果を発揮するのは高額ゾーンです。

個別対応は価格帯を上げていいということです。僕に限らず、個別対応のコンサルティングの売り上げが伸びていると言われていますが、コミュニティにいるファンの一人ひとりのことをよく知っている——という構造をつくることで、実際に伸びているんです。

僕だけではなく、いろいろな人が伸ばしています。こういう構造をつくると、高額課金はしやすいのです。

個別対応は高額課金しやすいですが、誤解してほしくないのは、**個別が本質ではない**という点です。個別でやればなんでも高額課金できるかといえば、そうではありません。形態として個別対応になっているだけであって、本質は個別にはありません。

個別なだけでは、人はお金をたくさん払いません。大人数のサービスよりは多少高く払うかもしれませんが、個別が本質ではないのです。

何が本質かというと、**個別で対応することによって、より進化が起こる**ことです。そこに価値があります。個別だからこそ、より大事に、もっと大切にしてもらえて進化できる。

つまり、進化する、変化することや大切にされることに、人々は価値を見出すようになっています。個別でやることで、それを高い水準で実現することによって、価値が発生するわけです。

「個別にやるのがいいなら、コミュニティはいらないね」という考えは間違いです。あくまでコミュニティという構造内で個別で行うことによって、より進化したり、より大切にしてもらえることに意味があるんです。

これは１つのビジネススキームの話で、いろいろな業界で使えるやり方です。

おわりに

何もしないと、苦しくなる時代

本書の内容をまとめて言えば、**今は大きな変革期であり、それによって、2極化が進んでいく**ということです。

この変革に合わせて自分を変えていかないと下落圧力を受け、下に行き、収入が落ちて生活が苦しくなります。

これまでのまま「変わらない」で生きていると、時代とずれて不幸になってしまうわけです。

2つの「変わり方」

ところが、下に行く場合でも、ライフスタイルを変えると、「低収入ハッピー」の生活を送ることができます。

低価格商品や、無料サービスなどを活かし、「お金を（あまり）かけない楽しみ」を見出すことに上達する道です。

ただし人は、同じことを続けていると、楽しくなくなってきます。ですから、「お金を（あまり）かけない楽しみ」も工夫して、新しく見つけ続ける必要があります。

つまり、「**変わり続ける**」わけです。

さらに、上昇気流に乗って、上に行く道もあります。

この場合も、時代に沿って、自らがやることを変え続けなければなりません。

今起こっているのは、かなり大きな変革ですので、しばらく続きます。

その時々の変化に沿って、自分を変え続ける必要があるのです。

そうしなければ、一時よくなっても、結局下落圧力に飲み込まれてしまうでしょう。

時流の重要性が増している

上をめざし、自らのビジョンを実現するにせよ、下に行きながらライフスタイルを変えて、低収入ハッピーを実現するにせよ、**「時流」を理解して、それに沿うことが**

大切です。

時流がわからないと、自分をどう変えていったらいいのかがわかりません。やみくもに努力するだけでは報われず、空回りに終わる可能性が高いです。

本書では、現在進行中の「変革の時代」を理解し、あなたが活用できるようにと、今の時流をわかりやすく解説しました。

最大の変化

現在起きている最大の変化は、「**コミュニティの再編**」です。

今、地球規模で、「個人」の生き方が変わりつつあります。地域によって、この進展には差が出るはずですが、日本は、この変化の最先端グループに属していると言えます。

従来は、個人がコミュニティに規定され、その枠内で生きていました。そのような状況は、よく鉄道のレールにたとえられていました。あるいは、個人が工場の歯車にたとえられていました。

これからは、個人が自らの気持ちに即して、複数のコミュニティに属し、離れ、活動していきます。

いつも同じ制服を着るのではなく、そのときの気分で、好きな服を着るようなものです。

レールはなくなっていき、フィールドを生きます。

グローバリゼーションも、メカニゼーションも、この観点をもたなければ、何が起きているかわかりにくくなるはずです。

生まれた国にずっととどまって生きるのではなく、各国を移動する人が増える。肉体は移動しなくても、インターネット上のサイバースペースでは移動する。

人格接触としてのコミュニティと、非人格接触としてのインフラ。価値の場所の変化としての非物質的価値の拡大。

非人格機能しかないような仕事は、人間がやる必要がないので、機械に置き換えられていきます。

このような切り口から時代を見ることで、あなたは、「自分は何をするか」を考えやすくなり、時流に取り残されることなく、この時代をうまく生きていくことができるでしょう。
本書は、あなたの思考を刺激するために書かれています。

吉永賢一

◆著者紹介◆

吉永賢一（よしなが・けんいち）

実業家、投資家、教育者
東京大学医学部家庭教師研究会代表。IMC株式会社代表取締役。日本メンサ会員。

1971年群馬県生まれ。

1991年東京大学理科III類入学に伴い上京。居候生活から始め、学費捻出のために家庭教師のほか、10種以上の職業を経験、生きる道を模索する。2005年東京大学医学部医学科退学。NHK BS2、TBSテレビ、テレビ東京、ラジオ日本などに出演。『THE21』『日経ウーマン』『SPA!』『プレジデントファミリー』等、雑誌掲載多数。

著書『東大家庭教師が教える』シリーズ（KADOKAWA）は累計20万部を超え（電子版含む）、中国語版、韓国語版、台湾語版なども発行されている。そのほか『東大卒でも貧乏な人 高卒でも成功する人』（総合法令出版）、『東大家庭教師の結果が出るノート術』（あさ出版）、『CD付 東大家庭教師の必ず結果が出る英語トレーニング』（学習研究社）、『東大家庭教師の子供の頭が良くなる教え方』（青春出版社）など。

現在は、年間の3ヶ月程度を海外で過ごし、セミナー開催、インターネット上での各種教材販売、テクニカルトレードのツール開発・販売などを行っている。

※本書の内容は、2015年10月17日に六本木で行われた『2極化サバイバル』セミナーをもとにしています。2019年の時流に合わせて、加筆修正を行いました。
その、本書のもととなった『2極化サバイバル』セミナーのビデオと音声を無料プレゼントしています。

吉永賢一
公式メルマガ
http://e-zine.jp/

吉永賢一
公式LINE@登録ページ
http://lineat.club/

「変わる」ことを恐れる貧乏人「変わり続ける」成功者
2極化を生き残る思考法

2019年1月23日　初版発行

著　者　吉永賢一
発行者　野村直克
発行所　総合法令出版株式会社
〒103-0001 東京都中央区日本橋小伝馬町15-18
ユニゾ小伝馬町ビル9階
電話　03-5623-5121
印刷・製本　中央精版印刷株式会社

落丁・乱丁本はお取替えいたします。

ISBN 978-4-86280-660-4
総合法令出版ホームページ　http://www.horei.com/